古典文獻研究輯刊

三九編

潘美月・杜潔祥 主編

第45冊

蔡守集
（第一冊）

伍慶祿、蔡慶高 著

國家圖書館出版品預行編目資料

蔡守集（第一冊）／伍慶祿、蔡慶高 著 -- 初版 -- 新北市：
花木蘭文化事業有限公司，2024〔民 113〕
序 2+ 目 58+142 面；19×26 公分
（古典文獻研究輯刊 三九編；第 45 冊）
ISBN 978-626-344-965-7（精裝）
1.CST：蔡守 2.CST：學術思想 3.CST：研究考訂
011.08 113009890

ISBN-978-626-344-965-7

9 786263 449657

古典文獻研究輯刊
三九編 第四五冊 ISBN：978-626-344-965-7

蔡守集
（第一冊）

作　　者　伍慶祿、蔡慶高
主　　編　潘美月、杜潔祥
總 編 輯　杜潔祥
副總編輯　楊嘉樂
編輯主任　許郁翎
編　　輯　潘玟靜、蔡正宣　美術編輯　陳逸婷
出　　版　花木蘭文化事業有限公司
發 行 人　高小娟
聯絡地址　235 新北市中和區中安街七二號十三樓
　　　　　電話：02-2923-1455 ／傳真：02-2923-1400
網　　址　http://www.huamulan.tw 信箱 service@huamulans.com
印　　刷　普羅文化出版廣告事業
初　　版　2024 年 9 月
定　　價　三九編 65 冊（精裝）新台幣 175,000 元

蔡守集
（第一冊）

伍慶祿、蔡慶高 著

作者簡介

伍慶祿，中國廣東廣州人，1952 年出生。

已出版文學類散文集著作五種：《漢鏡堂文選》《味水齋文叢》《我屬解放牌》《味玩》《旅遊漫記》。其中《漢鏡堂文選》中國國家圖書網評論「本書是散文隨筆作品集，作品所寫都是作者親身經歷的趣聞軼事，所見所聞所思，注重考據，追求真實自然，思想性很強。」被國家書庫總庫永久收藏。中國國家圖書館永久保存文獻號：2003\1267\500

已整理編著出版古文獻四種：《粵東金石略補注》《廣東名碑集》《廣東金石圖志》《廣東碑刻銘文集》。其中《粵東金石略補注》獲 2013 年度全國優秀古籍圖書獎二等獎。

蔡慶高，中國廣東廣州人，1959 年 10 月出生。廣州經濟開發區文員，已退休。蔡守裔孫。蔡守文物收藏家，蔡守研究家。

提　　要

蔡守是中國現代史上一個奇人。活躍於 20 世紀上半葉中國社會舞臺上，名重一時。蔡守社會活動能力強，積極參與中國社會政治、文化活動，辛亥革命時參與廣州武裝起義。能詩文書畫篆刻，精古物鑒藏，與于右任、張繼、柳亞子、吳昌碩、王賓虹、袁克文等政學界名流交遊，相互啟發，多有建樹，發表各種文章，對當時中國社會產生了一定影響。

蔡守是廣東順德人，加入同盟會，南社，參與故宮文物鑒定工作。以詩、書、畫號稱三絕。善金石文字，精篆刻。平生著述甚豐，大多數散見於各種報刊，書畫題跋中，未有專集形式行世。

伍慶祿和蔡慶高先生多年收集和整理蔡守的著述，認真進行考證，編注成蔡守的全集。其中有關行跡、交遊等考證尤為細密。此書出版發行，將對推動嶺南文化的發展起到一定作用。

《蔡守集》中引用各種古籍量巨大，既有經典，也有坊間小刻本，書中均有注釋。

另《蔡守集》中古今中外人物眾多，達到兩千多人，使用稱謂千變萬化，有正名，別字、別號、里爵、齋名、室名等等，給讀者帶來一定的閱讀困難。本書附錄《〈蔡守集〉人物考》，是本書一大特點，從前沒人做過。

陳永正教授曰：「伍慶祿和蔡慶高先生整理的《蔡守集》是一部有文學意義和文獻價值的著作」。

《蔡守集》序言
——謹守注家規矩，玉成蔡守全集

陳永正

蔡守先生是嶺南地區清末民初重要的歷史人物。祖籍廣東順德，曾加入同盟會、南社，參與故宮文物鑒定工作。擅金石文字，精篆刻。以詩、書、畫號稱三絕。亦能讀英語、拉丁語。他既是社會活動家，又是學者。像蔡守這類人物在廣東近代史上是不多見的，如黃詠雩、李曲齋、朱庸齋等先生，都是這一類型的人物。可以說，蔡守是嶺南傳統文化的代表人物。

蔡守平生著述甚豐，大多數散見於各種報刊中，未有專輯形式行世。伍慶祿先生多年收集和整理其著述，編成蔡守全集。其中有關行跡、交遊等考證尤為細密。基於蔡守在「詩書畫」、金石篆刻及嶺南文化傳統中的地位等原因，《蔡守集》頗具文學意義和文獻價值。相信此書的正式出版發行，亦將對推動嶺南文化的發展起到一定的作用。

慶祿先生編這本《蔡守集》我認為有幾個特色。

第一就是文獻資料的完備，收入集中的內容都是從大量的材料裏篩選出來的。近代，印刷業發達，圖書報刊浩如煙海，在其中搜集有關資料並做好校對、注釋工作，需要耗費大量的時間和精力。

第二，也是最重要的，就是這本書的注釋詳實。尤其是在少見的人物、小地點、小事件及行蹤上都作了注，這是其價值所在。所謂注釋，包括兩個內容：一個是箋，一個是注。箋，主要是闡說明今典。注，基本上是標出古典。箋注是一件非常艱巨的工作。但是近十幾年來，由於有了電子文本，注古典沒以前那麼困難了，大量的資料可以從中搜集出來，但說明今典，仍然是一個艱難的工作。蔡守首先是一個社會活動家，是一個傑出的組織者。他是南社的最早期的成員之一，是南社第一次大會的參加者，又是廣東南社的主要的策劃者，亦成為廣東南社的社長。這樣，在他無論組織南社過程當中，組織各種活動的期間，接觸了很多當時的人物。注家在這方面做了細緻的工作：除了那些知名人物外，注釋裏面還注出了許多不見經傳的，不是很出名的人，這個是更重要的。除了人名，還有蔡先生的行蹤，除了重要的地名，還把人所罕知的地名注了出來。除了大的事件注出來外，還有蔡先生與個別朋友的交流，許多小的事件都經過考訂出來。所以，我覺得可貴的地方體現在本書對今典的注釋上。總而言之，大人物注得少一些，小人物注得詳細一些，大地點可以不注，小地點注詳細一些，在小事件、小人物、小地點，特別用心，發前人所未發而注解，這就是真正從事注釋工作的人員比較難做的地方，然而這就是注釋必須遵循的基本規矩和規律。我對做這種工作的學者心懷敬意，因為這樣的探賾索隱是非常艱難的。

第三個特色是，注家與所注者具有相近或相通的知識或學科背景，這才使工作能順利做好。蔡先生是一個金石學家、文字學家，他對嶺南的金石是特別熟悉的，而這方面的知識不是一般普通的學者所具備的。這就是一種特殊的知識，伍慶祿先生通近代史，通詩詞，通書法，通金石學，通篆刻，也關注廣東近代史以至全國近代史，伍先生有了這樣的學科背景，才能編定及注釋《蔡守集》。

第四是本書體現了一定理論性。中國的詩多數是具備了時、地、人的特點，所以如何定時定地定人的考證必須準確無誤。蔡守這個詩人所處的時代創作背景與具體的時間，詩人的生平經歷，詩人的交往都要一一弄清楚。另外，還將考證與研究聯繫起來，無考證方面的過硬本領，便會使研究流於空洞、淺薄。在《蔡守集》注裏面對其詩歌作了一定的評析。使讀者能夠瞭解詩人當時的心情、環境以及當時的經歷。

我願意為注者這本書作序，皆基於該書體現的上述特色及注家而艱難玉成的理由。

陳永正口述，嚴星柔作文字整理

前　圖

1948年 南京公祭蔡寒琼先生七十冥寿合影（前排右一谈月色、右六于右任、右七冒鹤亭、右九沙孟海）。

1948 年南京公祭蔡守合影

蔡守小照：1909 年攝於上海耀華照相館，英文題贈柳亞子

目次

第一冊

第二冊

第三冊

第四冊

第五冊

第六冊

第七冊

第八冊

一代奇人蔡守

二十世紀上半葉，廣東出了一個奇人——蔡守，活躍於中國社會舞臺上，名重一時。蔡守雖然終生沒有建立奇勳學業，斂財積資，但於全國政界、學術界、藝術界、考古界都具有影響力。

奇才奇志入世，奇言奇行行世

蔡守一生用名、改名甚多。奇名奇號數十個。原名珣，一作絢，字哲夫，又作哲父、蟄虎，一作喆（哲）夫，又署折芙，亦字成城，別署成城子，又字守一，易名有守，再改守，別號蒼海客、寒瓊、寒碧、寒廬、寒道人、髡寒、奇璧、寒翁，又別署哀夫、水窗、思琅、檢淚詞人、離騷子、樗散畫師，室名二條一廛、茶丘，別署茶丘殘客、茶丘居士、茶丘生、茶上人，又室名寒月吟窩、寒瓊室、寒瓊水榭、茶恩茶喜茶四妙之亭、有奇堂、兩龕劍廎、味雪庵、磚鏡齋、磚鏡臺、阮簃、一顧樓，瓥樓、寒宬、牟軒、半隱行窠、半行半隱窩等。

少負奇才，名動鄉里。蔡守出生於清光緒五年（1879），原籍廣東順德縣龍江鎮仰山里。家族世代亦儒亦商，叔祖蔡錦泉（1809～1859），字文淵，號春飄，道光十二年進士，官編修，督學湖南，至內閣中書，後回粵主講端溪書院，通經史、工詩文，能書善畫，是著名學者謝蘭生的女婿。著《聽松山館集》《春飄詩鈔》。父親蔡國棱，曾任清廷翰林院待詔，後在桂林經營茶莊生意。蔡守在《印林閒詁》中有記載曰，「笛叟……曾到桂林在余祖父所設蔡順昌學為商。故嘗學詩於余先大夫勵庵公。其長女翩鴻亦工續事。婦余侄賢焯，固有親家之誼。日前見饒平陳氏韻古樓藏青喬與里甫合作畫，里甫之女嫁余叔祖春驅公錦泉，亦為親家也。」蔡守出生成長於桂林，為遺腹子，1906 年隨母返鄉。蔡守從小就受到了良好的傳統文化教育。八歲能寫詩，能寫擘窠大字。曾寫「關帝廟」三個大字，獲得耆老獎賞兩隻燒豬。少時所作詩，後來結集為《有奇堂詩集》，收入 1910 年 1 月《南社叢刻》第一集中。十四歲時有一個名叫微塵的和尚贈詩與他，有「少小有奇氣」句。

少有革命志，奇言怪論，犯險從事社會政治變革活動。回鄉當年，十七歲的蔡守隻身離鄉到上海求學，後轉入復旦公學（復旦大學前身）求學。復旦公學是馬相伯於 1905 年創辦的，拜師馬相伯門下，學拉丁文與英文，並終生尊馬相伯為師。

在上海求學期間，經寧調元介紹加入同盟會，開始結識革命黨人。後來又參加了順德同鄉鄧實在上海發起的國學保存會，該會也是革命組織，提倡民族氣節，以攘夷復漢為主旨，還出版了多種刊物圖書，例如《政藝通報》《國粹學報》《風雨樓叢書》《古學彙刊》等。參加該會的還有陳巢南、高吹萬、諸宗元、黃賓虹、胡樸安等。蔡守與黃賓虹共同協助鄧實編輯《國學叢書》，從事徵稿、鑒定、編輯、印製事務。

1900 年，時年 21 歲的蔡守在寧調元創辦的《民噓報》報紙上鼓吹革命，同時在各種報刊上也發表了不少鼓吹革命、推翻清朝統治的言論，引起了社會的注意。1906 年，兩江總督端方在報上看到蔡守撰寫的一篇文章，驚駭地說，「就是五十歲的人讀了這樣的文章也會起來造反的！」於是下令通緝蔡守。由於黨人互通消息，得以脫逃，避至無錫、蘇州、杭州等地。在杭州得遇蘇曼殊，介紹前往漢口英國領事館避難，得到英領事佛來庶的保護，滯留漢口時，蔡守教授佛來庶漢語和研讀《唐詩三百首》，並幫助他翻譯成英文，在商務印書館出版發行。1906 年潛回廣東合浦任北海海關翻譯，並為《國粹學報》從事《博物圖畫》的創作，並與張傾城結婚。1909 年風聲稍鬆，偕張傾城共同到上海，更名守，賃廬於徐家匯孝友里，顏其齋名曰「半隱行窠」「半行半隱窩」，往來杭寧，一面尋幽探勝，一面搜羅古物。同時襄助黃節、鄧實神州國光社美術編輯工作，並繼續創作《博物圖畫》。1911 年 3 月，蔡守到廣州參加武裝起義，帶隊督攻藩臺衙門，接收藩庫，取了藩庫的一對大印。他將此印裝飾得很雅致，隨身帶著。學者、上海《新聞報》編輯王蘊章說他「佩斗大黃金印，叱吒風雲」。但在後來與謝英伯參加商議治國方略時，聯名提議了幾條政治意見，奇言怪論不合時宜，沒有被採納，於是毅然退出政界。1917 年又參與護法運動，當滇軍的雲南趙藩到廣州軍政府任交通部長，李根源任廣東督辦兼瓊州海疆督軍，楊永泰為財政部長時，蔡守應李根源之邀任廣東督辦秘書長兼財政顧問，後又隨軍到海南駐守。1927 年，受戴季陶之邀任黃埔軍校第六期政治部訓練處中校秘書，至 1930 年。

由於蔡守多年鼓吹與參與革命活動，與不少國民黨元老如戴季陶、何遂、古應芬、林直勉、陳銘樞、陳融、胡漢民、鄒魯、蔡元培、于右任、張繼、林森、孫科、葉楚傖、邵元沖等結下了深厚的友誼。蔡守歿後，遺屬生活艱難，其次子蔡倫先後得到戴季陶、陳布雷等的資助，得以在桂林南開大學畢業，又送到美國留學，獲有機化學博士學位，在美國國家心臟研究所的生物化學實驗室工作，是研究包括核黃素的細菌性降解與煙鹼酸的厭氧降解專家。曾受邀回國，在北京、桂林等地講學。

詩書畫篆藝精，品高格奇名重

有詩文才，奇譎不合時賢，名重學林。積極參與創建「南社」，「南社」是辛亥革命時期進步的文學團體。社名取「操南音不忘其舊」之意。鼓吹資產階級民主革命，反對清王朝專制統治。1909 年成立於蘇州。蔡守參與發起、組織南社的工作，並於 1909 年 11 月與黃賓虹參加南社成立暨第一次雅集，為與會的十九人之一。據南社歷史研究專家邱睿博士在其著作《南社詩人群體研究》中指出，蔡守「在社團中也頗具影響力」。1912 年，參與寧調元、謝英伯等發起並組建的南社廣東分社，蔡守接掌粵社，被推為社長。在蔡守的組織和推動下，活動頻密，粵社被目為「維護和保持南社優良傳統最好的組織」。南社社會影響力巨大，短時間內便發展社員千餘人，人文薈萃，都是當時社會上名流耆宿。南社編有出版物，名曰《南社叢刻》，不定期出版，選發社員作品。蔡守的《有奇堂詩集》33 首，便被收入第一集中。當年柳亞子與蔡守等發生的一場關於唐詩宋詞的爭論，就是一場學術之爭，也是一件佳話。南社成立當天的午餐時，柳亞子對清末盛行的北宋詩和南宋詞發表議論，認為論詩應當宗法三唐，論詞應當宗法五代和北宋。在座的龐檗子崇尚南宋詞，與柳亞子爭論起來。蔡哲夫也是喜愛南宋詞的，幫著檗子反駁柳亞子的觀點。爭論越來越激烈。不巧的是柳亞子因為口吃，期期艾艾的，根本不是對手，急得當眾大哭。但後來並不影響柳亞子與蔡守的關係。可見南社社員之間，學術上的探討是很活躍的。

蔡守的詩，時人多有好評。黃賓虹評論說，「茶邨挾濟世才，丁時數奇，憂患流離，羈棲轉徙。其所為詩，讀者謂為天寶之杜甫、義熙之陶潛，前後不同。以蔡君之才之遇，方之茶邨，古今一轍，當無不同。」《漢語大詞典》是目前最具權威的漢語詞典。其中最少引用了蔡守的兩首詩的詩句作為詞條的注釋。其一「絓眼，視及；看到。蔡有守《送抱香之南洋》詩，『我逾思君君逾遠，南溟絓眼渺愁余。』」。其二「戢影，又作『戢景』。匿跡；隱居。蔡有守《題黃葉樓圖寄劉三》詩，『念汝樓居蕭瑟甚，寒林戢影絕驕陽。』」。中國文化博大精深，幾千年來文人學士如過江之鯽，能流傳下來的名篇名作汗牛充棟。能選入《漢語大詞典》印證詞條，可見其造詣分量一斑。蔡守的詞創作也深得世人的贊許。時人汪夢川博士《南社詞人研究》書中說道，「南社中的藝術家可謂是一道亮麗的風景線……，這些卓有成就的藝術家大多數也在舊體詩歌方面頗有造詣，就詞而言，較有特色的有蔡哲夫、沈尹默、壽石工和易大厂等人。」《寒瓊遺稿》中收入詞作 62 首，《南社叢刻》則收其詞六十七首。詞牌多而變化，達到 50 多種，小令長調，林林總總，足見蔡守詞學研究的深度與廣度（詳見本書第一卷《詩詞》）。

藝術眼光高，書畫篆刻作品水平高，風格奇異。1909 年在上海初識黃賓虹，據《黃賓虹年譜長篇》著者主編王中秀研究，時年蔡守 30 歲，黃賓虹 46 歲，黃賓虹對蔡守表示折服，「相識之初，蔡守較之黃賓虹佔有明顯的優勢，這種優勢體現在他有更為廣泛的社會人脈和更早投身於文化事業的經歷，起步更早的藝術探索在某種程度上影響並啟迪了文化領域的新人黃賓虹。」王中秀繼而引用「李偉銘先生《中國畫變革的語言資源——20 世紀初葉中的一些證例考析》」的考證，蔡守「藉助攝影的畫法啟發了黃賓虹，畢竟利用流行不久的新工具——照相機『搜盡奇峰打草稿』不失為一件新鮮事。這件新鮮事深深觸動了黃賓虹心中『師造化』的那根弦」。黃賓虹有「蔡君研究古籀文字，詩學宋人，書畫篆刻，靡不涉獵，海內知名之士」的評論。蔡守的書畫篆刻，並沒有走傳統的拜師學藝的路子，而是憑自己的感覺，通過交友、偷師、實踐中取得成績，一生基本依靠潤格為活。他這個路子也真行，傳授給如夫人談月色，發揚光大，更成為一方大家。蔡守的書法，真、行、草、篆、隸，各體兼擅，楷書則以北魏為法。作書相互雜陳，或篆或隸，若行若楷，流暢灑脫，滿紙雲煙。以題畫字最為傑出，風格千變萬化，奇崛而靈動，孤傲而絕俗。更長於古文字學，通古籀、篆、隸之變。以多種器銘文字入書，滿紙書卷氣。書作或隸、楷相摻、神采飛揚；或魏、隸相融，才氣橫溢；或篆籀楷化，行草相間，古逸勁健，體勢多變。落筆精勁，清簡樸茂，不涉纖巧，超凡脫俗，自成機杼。《國學會刊》第三期曾刊登《老蔡奇字怪畫鬻例》，同樣尺幅的潤格，字價高出畫價的一半。蔡守「自言好讀秦漢文，能辨蟲鳥與書紀」。自許與得意之態溢於言表，其自信如此。1919 年，鄧實在《國粹學報》刊登為蔡守撰寫的潤例。《成城子畫花卉鬻例》，「堂幅每尺洋四大元，屏條每尺洋二大元，扇面冊頁每張洋一大元，伉儷合畫照例加半，隸書匾額每字洋一大元，堂幅每張洋二大元，屏條每張、楹聯每副洋一大元，扇面冊頁每張洋五角，篆刻石印每字洋三角。潤筆先惠，旬日為期。」蔡守時年 30 歲，對比當年物價，潤費不可謂不高。鄧爾雅題《哲夫畫山水冊》詩云，「年年鍥不捨，刻畫自能為。千載戰元宋，六書宗籀斯。遠規秦制度，重見漢官儀。壯歲雕蟲惑，除非揚子知。」說他的奇字可以與揚雄相提並論了，也可見時賢評價之高。

他和黃賓虹同為《國粹學報》主筆時，他就畫了許多插圖，例如歷史人物肖像，朱竹垞、漁洋山人、朱柏廬、錢竹汀、吳斂洋、鄺湛若等，蔡守通英文、拉丁文，能翻譯原文。畫了「博物圖畫」一百二十八幅，所繪動植物，有犛、貓猿、普安異獸、玄熊、兕、象、狐、異猿、夔、果然、雌、程、蒙頌、帚貅、豟、貘、明月兔、勺嘴鳥、駑鳥、雉、蟣螺、桑扈、翡翠、鴇、瓶草、無花果、食蠅草、帽帶草、茅膏菜、靈芝、鬼筆、佛手蕈、鬼蓋、鐵面蕈、珠蚌、海螺、鱟魚、鴉詩地安、結士籌撥士、珠蟹、劍鯊、丫髻鯊、貀、獬馬、獨角魚、釣魚魚、海藻等。多採用西方素描與東方線描相結合的工筆繪畫形式，形神兼得，皆栩栩如生、真實感人。多有長跋記所繪動、植物名稱、科屬、特徵、產地、所見所聞等自然概況，有的還有西文名稱對照，夾雜在跋文之中，別具一格。題記則真草隸篆，無不精妙，其鈐印之璽印，應多為自刻。時人有云：「《國粹學報．博物圖畫》出版了一百多期，多工筆鉤勒，或沒骨畫，所繪動物等珍禽猛獸、奇花異草皆栩栩如生、真實感人。輔以長篇題跋，真草隸篆，興由己出，變化多端，無不精妙。鈐記啟首、壓腳、姓名、齋館印一應俱全，十分講究；有的一畫用六印，一般也有兩三方印；一百多方印文不同、款式各異的印章皆出自蔡守之手，屬嶺南印派流風，精妙有致。」蔡守的繪畫非常重視實地寫生，或拍攝照片，以為創作的素材。「遍歷海嶽奇險之區，攜攝影器具，收其真相，遠法古人，近師造物，圖於楮素，足跡所經，漸有屬稿……」。蔡守的這種藉助攝影的畫法也啟發了黃賓虹。蔡守還應朋友之約，畫了許多國畫作品。還應邀多次為別人代筆。例如蘇曼殊有一封書信說道，「哲夫尊兄，近時吾處求山水者日多，實接應不暇，聊煩請兄代筆，四季四條屏五套，潤銀三十兩一套，如有暇時接之如何？……」葉楚傖題《哲夫沖寒訪碑圖》曰，「哲夫一代之畫師，曾攬山河在尺咫。自言好讀秦漢文，能辨蟲鳥與書紀。」說明蔡守畫山水、花鳥、人物靡不精工。

蔡守的篆刻，也是自把自為，但也不失其為成功的藝術品。1909 年，蔡守曾經請教於吳昌碩，獲贈一套《缶廬印存》初鈐本。吳昌碩比蔡守長三十五歲，而且已是名動海內外的書畫篆刻大師，能獲贈吳昌碩的印譜，而且還是初鈐本，應該說吳昌碩是比較器重蔡守的。蔡守在《印林閒話》中自述云：己酉冬，南社第一次雅集於虎丘，余與黃賓虹同如姑蘇，時瑞徵為江蘇巡撫，老友諸貞壯在其幕中，過訪衙齋，與吳昌碩連日晤言一室……，瀕行贈己所集《缶廬印存》四冊。蔡守在各種書畫作品中的用印，多是自刻的。還應邀為黃賓虹、黃節、壽石工等諸名家刻過多方印章。蘇曼殊贈句云，「畫人印人一身兼，揮毫揮鐵俱清嚴。」蔡元培、鄒魯、于右任、戴傳賢、林森、孫科、胡漢民、葉楚傖、邵元沖等還代為刊印治印潤例於全國各地報刊。蔡守的篆刻還傳授給如夫人談月色。所作《印林閒話》，是很有分量的一種學術著作。該文集印史、印論、技法、印人、流派、用具及所見名印為一書，闡發印學精微，頗多卓見，知重當世（詳見本書第二卷《印林閒話》）。

現代學者管繼平有評議說：「蔡哲夫的印章留存不多，但胎息秦漢古璽，借鑑明清流派，印風溫醇澹雅，饒有古意。」

博物記憶驚人，學問研討有據

廣識博學，記憶力異乎常人。蔡守對於考古、文物鑒定有過人的知識與經驗。1931 年，中國最早的職業考古學團體——廣州黃花考古學院成立。從國外學習考古、民族學歸來的留學生胡肇椿、楊成志等年輕學者和以蔡守等為代表的傳統金石學家，在其中發揮了重要作用。蔡守和談月色同時被聘為黃花考古學院研究員，主持發掘了廣州東山貓兒岡漢墓。該墓成了廣州乃至於嶺南地區最早按照科學方式正式發掘並發布發掘報告的墓葬之一。其中一件陶瓶，已經碎成很多塊，蔡守發現碎片中有「蔡文姬」三字，立刻意識到這件陶瓶的文物珍貴性，於是花了大力氣，修復完整（詳見本書第四卷《雜著》中）。

蔡守收藏，經眼、題詠各種文物中精品頗多，碑拓、玉器、書畫、紫砂壺、其他工藝品等。晚年經戰亂，丟失頗多，精神受到重大創傷。在南京寓所包括他最為珍重《蘇曼殊書畫冊》，在廣州寓所收藏的千餘冊善本書籍、碑帖、印譜、畫冊及眾多文物亦毀於日軍侵佔廣州的戰火之中。蔡守在致友人黃仲琴、盧子樞的信中，反覆問到有沒有在市面上看到他家散出文物，請代收回。1940年正月 29 日致盧子樞函中云，「兄在市上，見有弟金石拓本散出否？倘賤價，能代收回一一，當以厚價奉還，如何？如《南越殘瓦拓本》（約裝五巨冊，另有掛張全形者）尤為痛心也！」二月初六日「弟之金石拓本未知市上有見否？何人收得最多，能一一詳示，至為厚幸！」4 月 23 日致函中有云「廣州陷落，尊藏亦蕩然，與弟寓樓同一慘酷」。2016 年 11 月，北京中貿聖佳拍賣蔡守的一件藏品，清初的一件紫檀筆筒，以高於底價十倍達一千萬元人民幣成交。這件環筆筒陰刻一位赤身裸體的妙齡女尼仰躺在芭蕉樹下的石塊上和狂草禪偈，「六根淨盡絕塵埃，嚼蠟能尋甘味回。莫笑綠天陳色相，誰人不是赤身來？」落款「無我」。筆筒口沿刻有題跋，「無我老師太自寫通體小照刻紫檀筆海，乃吾庵珍秘俊物也，不知何時失去，乾隆廿七年九天生日，以百金贖還。品峰缶記。」同時拍賣的還有談月色精拓，蔡守請羅振玉、程大璋、高天梅等十五名人題跋的拓片，也拍出了 50 多萬元。

1936 年秋，蔡守應國史館館長張繼之邀，攜談月色到南京任國史館編修職及蔡元培之邀同任中央博物院金石書畫鑒定研究員。1934 年 5 月至 1936 年 7 月，蔡守在香港《香港中興報》開闢專欄《牟軒𨗨璅》，專門發表他在金石、詩文、考古、交友等方方面面的所聞所見，逸聞趣事。其中一篇，《歷代性論集成》，引用歷代圖書近兩百種三百多條文，除了常見的《黃帝內經》《道德經》《素女經》《玉女經》，佛經外，還有各種經史子集圖書和罕見的學者命理初的文字手抄本。日報專欄，每日一篇，容不得你細細搜索與推敲（詳見本書第三卷《牟軒𨗨璅》）。蔡守驚人的記憶力，可見一斑！

蔡守還經常與國內諸名流學者交往研討學問。如羅振玉、王國維、繆荃孫、袁克文等。羅振玉就廣州出土的漢「黃腸題湊」古木刻字拓本為蔡守題詞曰：

> 古木刻之最古者，宋洪文惠公《隸釋》載益州太守高（眹）修周公禮殿記，刻楹柱上，（自）初平至南宋，逾千年不朽。福州樹刻鐫於閩王氏有國時，今尚存人間。嘗以為（寓）內奇蹟，不能有二也。比年避地海東，聞粵中白雲山得南粵王冢，中有木十餘章上有刻字，苦不見墨本。丁巳（1917）夏，蔡君哲夫郵寄墨拓十二紙，

果為漢西京妙刻，古健不異穹碑，其可珍不殊蜀中之周公禮殿記、閩中樹刻不足言矣。蔡君書（又）言近以摹拓者多已有損漫，篋中有初拓本，屬書其端，爰為篆首並識語於後，願此本與此木同不朽於天壤也。永豐鄉人羅振玉書於東山僦舍。

而王國維就蔡守等發現的南華寺宋木刻羅漢的拓本題詞曰：

今晨讀手教，敬悉一是。南等（衍）華寺木造像略題數語奉呈教之。《玄謠集》已飭人抄出附呈。此卷在倫敦博物館，其中詞調名均見唐崔令欽《教坊記》。令欽為明皇時人，則此集諸調為唐詞無疑。惟未見原卷，無由定為何時所書耳，《簋齋藏印冊》題後當交景叔轉呈。肅此　敬請哲夫先生臺安　　弟王國維頓首。九月晦。

此劄提到「南華寺木造像」事，即指 1918～1919 年間，蔡守和鄧爾雅、盧鑄、潘至中等人遊南華寺時發現「殿前羅漢樓有木刻羅漢五百尊，十之七八為宋代故物，十之二三為後來所補」。鄧爾雅當時有記曰「惟像高且巨，不能攜取，僅以小刀割取木座之一部分，共得八件」一事。《玄謠集》，敦煌遺書之一，是晚唐抄本詞曲卷子，分藏於倫敦與巴黎。原題為「雲謠集雜曲子」，共三十首，是現存最早之唐詞抄本。

更有一種奇特情，不諱人前言齧臂

蔡守是一個情種，其情亦奇。從北京到海南，到處留情。留情不諱妻妾與世人。蔡守生前有四房妻妾，正室張傾城，收房黃氏，如夫人楊瓊笙、談月色。張傾城為廣西合浦人，結婚時蔡守 26 歲，張氏 16 歲，亦大戶人家，亦善詩詞繪畫篆刻，蔡守與張傾城、談月色同為南社社員，亦一時之佳話。南社詩人、作家、報人姜可生稱蔡守曰，「其人狷介拔俗，志行高潔，名滿海內外。與夫人傾城，取《詩經》『哲婦傾城』之意，如君月色一門並擅『三絕』，傳為佳話。」談月色原為廣州檀度庵尼，善畫梅，1922 年還俗嫁蔡守為如夫人，得蔡守及蔡守之友如黃賓虹、王福庵、柳亞子等調教，遂成一代名家。黃氏原為張夫人陪嫁丫鬟收房。還有一妾楊瓊笙，葉銘輯《廣印人傳》記曰，「楊瓊笙字匏香，順德蔡哲夫守侍姬，善鼓琴，工摹印。」談月色編《寒瓊遺稿》手抄本有《留別楊匏香》詩，詩曰，「胥宇才一年，款實深於海。國步逼仳離，卿我竟何辠。磨折任萬千，石爛終不改。持此一寸心，白首誓相待。感卿寵我行，淚珠三百琲。」歸蔡守後一年便離去。蔡守的風流軼事，人前從不諱言，發表在《牟軒邉瑝》的就有許多條，例如在北京訪古時，與袁克文作狹邪行，有記曰，「曾與袁寒雲至十殺海格格崇娘家留連匝月。顧人體美，猶遜黎女也。」「曩歲領海疆軍入朱厓。遇黎女新雲涤，備極歡戀。余少也賤，足跡遍南北。世所稱大同婦女性之美，為全國冠。亦嘗御十數女，雖勝於清宮宮人。」「與南天天乳星同浴，自謂當日華清池弗如也。」與南社社友等也有染，記曰「余與營山女郎張光蕙，字心瓊有齧臂。因其銘物以寄貽，詎知竟不能守此鴛盟乎」云云。

緬懷粵地風氣，彙編奇人遺跡

廣東地處歐亞大陸南海之濱，具有強烈的海洋文化的特點。廣東人得風氣之先，有敢於接納、開創新思想、新行為，而迅速轉化為我所用，不因循守舊的特點。於是，有時人評說，「粵人善創新，北人擅總結。」1941 年 1 月，貧病交加的蔡守歿於淪陷中的南京城。一代奇人蔡守去世以後，聲名與典藏、文字逐漸湮滅，當時飲譽眾口的蔡守著作如《續說文古籀補》《宋錦宋紙》《補繆篆分韻》《漆人傳》《瓷人傳》《畫璽錄》《印雅》《印林閒話》《寒瓊遺稿》《寒瓊室筆記》《蠡樓詞》《有奇堂詩集》《寰宇訪碑續錄》《寒戌碑目》《寒戌碑目·金石跋續》《茶丘契闊》等，已被廣東人忘懷，多已失傳！

蔡守在各種報刊上發表過許多文章，涉及方方面面，大多已經無踪可尋。在蔡守裔孫蔡慶高的鼎力幫助下，筆者綿力所集，彙編成書，僅得四卷，一曰《詩詞》，依據 1942 年談月色編定出版《蔡守遺稿》及《南社叢刻》各集中所刊載增補注釋；二是依據香港中央圖書館和香港中文大學圖書館藏 1934 至 1937 年《香港中興報》連載輯出、編為《印林閒話》《牟軒邉瑝》分為二、三卷；四曰《雜著》，從收集到的各種書刊及傳世手稿中輯出，所得不過十分之一，慚愧慚愧！

漢鏡堂　辛丑（2021）中秋於味水齋

第一卷　詩詞
《寒瓊遺稿》
《南社叢刻》刊載詩文《拾遺》

寒瓊遺稿

插圖

《寒瓊遺稿》

《寒瓊詩稿》手稿之一

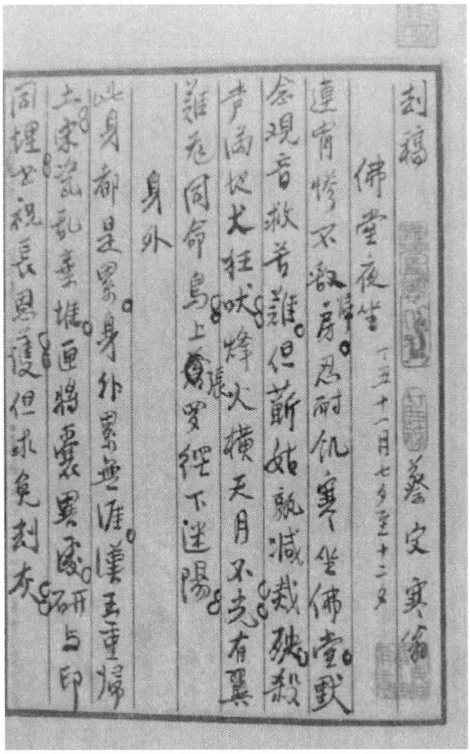

《寒瓊遺稿》扉頁

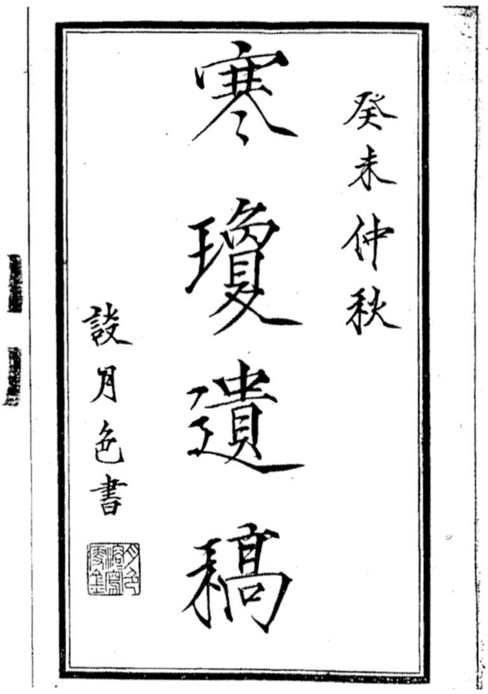
癸未仲秋
寒瓊遺稿
談月色書

茶邱殘客遺像

凡例

一、本卷以談月色 1942 年編排本《寒瓊遺稿》及《南社叢刊》刊載蔡守詩文為底本，標點編排，以及筆者力所能及收集到的手稿增《拾遺》加注。

二、編者增編目錄。

三、別字、錯字徑改，不出校。異體字不改，個別加注。

四、人物標注，書籍標注，個別時間標注。

五、原文加注或夾註，均用小號字標示，不另注。

蔡寒瓊詩詞序一　陳歗湖

江淮河海皆水也，西澗南溪亦水也，乃至於硯滴、簷溜，溝澮之行潦，積窪之沮洳，安得謂之非水哉。泰岱嵩華皆山也，雞籠、覆舟亦山也，乃至於丘垤、拳石，園池之堆秀，縑素之點皴，安得謂之非山哉。竊謂文流所稱詩與詞，以彼物比此物，其為淺深鉅細之差別也，亦若是乎而已矣。夫詩者，文字之精華。而詞又詩之精華也。圓顱方趾，分山川靈氣八斗。一石之一粒，用之不見諸事功，而有益於人，有益於世；捨之不自潔其身，入深山而歸密林，非仙非俗，不隱不官，惟語言之業是修，吾友蔡寒瓊殆亦墮入其中之一人。寒瓊歿將三稔，其耦談女士集其所為詩詞，以余知寒瓊，殷勤屬余為之序。余維《陸魯望集》[1] 有云，「聞淫畋漁者謂之暴天物。」天物既不可暴，又可抉擿刻削，露其情狀乎？使自萌卵至於槁死，不得隱伏，天能不致罰耶！長吉夭，東野窮，玉谿生官不掛朝籍而死，正坐是哉！正坐是哉！寒瓊嘔出心血，幸存四百餘首，六十餘闋，其為廣大。不測是否能生草木，居禽獸，興寶藏，蓄蛟龍，殖貨財。他日上之梨棗，垂之名山。後世讀者自能辨其酸鹹，奚用嗇夫喋喋為。而於天物，蓋未嘗不刻削露其形狀，使其不得隱伏，可斷言矣。寒瓊神交遍宇內，宇內談藝之流，罔不聞聲相思，裁箋贈答。但未見有月旦其文字者。余既三復斯集，胝沫不盡。語其幽則古瓦生苔，王殿飛鼠；語其豔則水芹努芽，山蕊爭春；語其逸則云生洞壑，鳥鬥庭花；語其放則海若教戰，瑇瑁乘潮；語其閒則山魈聽松，夜僧敲月；語其邃則叢篠大櫟，可休可吟；語其寂則闍坐瓦棺，兵避白苧；語其狂則魯酒一杯，盧茶七椀；語其恨則老夫不出，滿徑蓬蒿；語其奇則蝌蚪盈案，龍生九子；語其窮則秋至昭關，趙國多寒；語其淡則露腳斜飛，吳質倚桂。「自有仙才自不知，上清淪謫得歸遲」，此玉溪 [2] 句也；「客路迢迢信難越，寒江浪起千堆雪」，此東野 [3] 句也；「正是青春日將暮，桃花亂落如紅雨」、「衰蘭送客咸陽道，天若有情天亦老」，此長吉 [4] 句也。嗟乎寒瓊！奚奴背古錦，金瀨廢曹務，楚客怨江蘺。吾欲手君大作，望古而叩三賢，有以異乎？無以異乎？魂兮歸來，試聽卅載故人，濡禿豪狀君咳唾，果許其能似萬一否也？

滇南陳歗湖書於小倉山畔鄰袁野屋之景袁堂

【注釋】

[1]《陸魯望集》，陸龜蒙詩文集。陸龜蒙，詳見《附錄　蔡守與古人交流考》。

[2] 玉溪，即李商隱，詳見《附錄　蔡守與古人交流考》。

[3] 東野，即孟郊，詳見《附錄　蔡守與古人交流考》。

[4] 長吉，即李賀，詳見《附錄　蔡守與古人交流考》。

蔡寒瓊詩詞序二　黄賓虹

憶自己酉，余悯時艱，將之皖江。道經滬瀆時，黄晦聞、鄧秋枚兩君刊輯《國學叢書》，蔡君哲夫共襄其事，因締交焉。蔡君研究古籀文字，詩學宋人，書畫篆刻靡不涉獵。海內知名之士，文翰往還，幾無虛日。又嘗奔走吳越，擬遊泰岱。適戰事作，遂還粤中，居十餘年。以余篤好三代文字，時為得古印譜寄余。後以訪友重來，旋寓金陵，偕其配月色夫人，文藝自樂，倡和尤多。然坎坷無所遇，處境益貧，而詩日益進。性獨嗜茶，自比於杜茶邨，而卒鬱鬱以老。嗟夫！茶邨挾濟世才，丁時數奇，憂患流離，羈棲轉徙。其所為詩，讀者謂為如天寶之杜甫、義熙之陶潛，前後不同。以蔡君之才之遇，方之茶邨，古今一轍，當無不同。遺編僅存，世亂未已。晦聞先沒，秋枚老病，裒成斯集，將付梓人。倘令黄、鄧兩君見之，感慨為何如也。

壬午（1942）初冬歙黄賓虹敘

蔡寒瓊詩詞序三　諶斐

余識翁於丙子（1936）秋，再晤翁於庚辰（1940）春。難後相逢，淒然道故。比鄰而居，蹤跡乃密。言不避爾汝，見不拘朝夕。如是者一年而翁歿，不禁怵然而悲，憬然而悟。悲者，悲夫翁歿之忽；悟者，悟夫人生雖得一談言之解人，而亦遭天妒，此古人歎知己之難也。翁既歿，其夫人月色綜合其詩詞而屬余校訂。自惟弇陋，曷敢當之。第以與翁朝夕相見，爾汝相稱，一旦驚其怛化，中心於邑，有非祭奠隕涕即可盡此懷者。故略為次第，參校訛謬，以示死生之交情。然聞所存僅十之二三耳。夫以翁足跡半天下，交遊極朝野，卒以白紵山為難民終，故以《蘇州遊草》《劫稿》殿其後，蓋《劫稿》殆為傷心涕淚之漬歟。仍其舊所以存其真，藉覘夫翁境之異及世道之衰云爾。

癸未（1943）夏四月上浣，懷寧諶斐謹識

蔡寒瓊詩詞序四　談月色

寒翁既歿，遺稿零亂。掇拾得詩四百一十七首，詞六十有二闋。所為文，行篋中無可檢討。即詩詞亦不過得十之二三耳。編輯既竣，忽憶及往日曾獲一

夢，夢之境為余與翁及不識姓名之男子二共卓而餐，中一人出素紙條三，曰，此三事非汝不辦，可將汝姓各題一紙。余諾。聲未竟，翁急撼余臂。驚而思不得其故。比此稿成，始悟翁之殮之葬及遺稿之輯，恰為三事也。低徊妖夢，心有餘悲。

國曆三十一年（1942）壬午秋仲，蔡談月色謹識於白下茶丘

詩

登太平山頂 [1]

竟踏長繩破曉煙，海山復疊似攢蓮。
回頭島市都疑幻，堆眼蠻娃各炫妍。
十里松篁真樂國，半天樓閣小遊仙。
滄桑欲就麻姑買，清淺蓬萊尚幾年。

【注釋】

[1] 太平山俗稱扯旗山，位於香港島的西部，海拔 554 米，是香港最高峰，也是香港最著名的遊覽勝地之一。

昨夜辛亥（1911）三月三十日作

昨夜無端噩夢驚，春歸底事轉崢嶸。
杜鵑遽欲空啼血，精衛應愁浪用情。
燈炧 [1] 窗紗將薄曉，風沉簷鐵有餘聲。
一番雨過花飛盡，翻見欣欣夏木榮。

【注釋】

[1] 炧 xiè，同「灺」，熄滅。一解作燈燭餘燼。

送抱香之南洋

我適思君君適遠，南溟絓眼 [1] 渺愁餘。
麒麟舉世皆蒙楥 [2]，鳳鳥摩霄不在笯 [3]。
大好江山容擊楫，漂零書劍且乘桴。
英雄知己有紅拂，寧伴亡人去國無。

【注釋】

［1］絓 guà 眼，視及；看到。蔡有守《送抱香之南洋》詩，「我適思君君適遠，南溟絓眼渺愁餘。」詞條見《漢語大詞典》。

［2］楥 xuàn：同「楦」。楦，泛指將物體的中空部分填實或撐大。《太平廣記》卷二六五引唐張鷟《朝野僉載》，「唐衢州盈川縣令楊炯詞學優長，恃才簡倨，不容於時，每見朝官，目為麒麟楦許怨。人問其故，楊曰，『今餔樂假弄麒麟者，刻畫頭角，修飾皮毛，覆之驢上，巡場而走；及脫皮褐，還是驢馬。無德而衣朱紫者，與驢覆麟皮何別矣！」後因以「楦麒麟」謂虛有其表。

［3］笯 nú，鳥籠。

晦聞［1］囑題《蒹葭圖》

我所思兮渺何許，百無憀［2］賴獨登樓。
露凝澤畔孤蟲泣，月冷沙前斷雁愁。
難遣伊人一洄溯，固知吾道在滄洲。
此間誰識淒淒意，寫入青緗只是秋。

【注釋】

［1］晦聞，即黃節。詳見《附錄　蔡守與時人交遊考》。

［2］憀 liáo，一解作憑依；聊賴。

題《黃葉樓圖》寄劉三［1］

江南一別劇難忘，容易西風葉漸黃。
縱抱孤花慰幽況，卻緣落木惜餘芳。
空山獨往詩猶健，秋士沉吟意已蒼。
念汝樓居蕭瑟甚，寒林戢影［2］絕驕陽。

【注釋】

［1］劉三，詳見《附錄　蔡守與時人交遊考》。

［2］戢 jí 影，又作「戢景」。匿跡；隱居。

病中晦聞［1］寫示南園詩社重開諸什，並述是日獲觀黎美周［2］畫冊，即次晦聞原韻

蓮鬚遺素那能亡，病眼緣慳只自傷。

畫裏花光沈勝國，海南儒雅望斯堂。
百年風會成消歇，十子才名獨老蒼。
亂世詩人盼君子，豈堪來與賦陽陽。

【注釋】

［1］晦聞，即黃節。詳見《附錄　蔡守與時人交遊考》。

［2］黎美周，詳見《附錄　蔡守與古人交流考》。

送潘蘭史[1]入都

未謀樽酒祖君別，我送君行已太清。
怪底飢寒如小子，愧無詞賦比先生。
蠻娃多識空相似，山水能遊共有情。
此去京畿風浪穩，公卿早已仰才名。

【注釋】

［1］潘蘭史，即潘飛聲。詳見《附錄　蔡守與時人交遊考》。

答小進[1]和留別原韻

未獲相逢翻遠別君如美洲過滬造訪，未晤，江樓望斷水寒天。
參商妒殺銀河渡君去時值七月六夕，魂夢迷將碧海煙。
去國好求匡國策，離家暫學忘家禪。
歸來他日須招我，白首同耕沮溺[2]田君去求農學。

【注釋】

［1］小進，即馬小進。詳見《附錄　蔡守與時人交遊考》。

［2］沮 jū 溺 nì，《論語・微子》:「長沮、桀溺耦而耕，孔子過之，使子路問津焉。」後詩文中常以「沮溺」借指避世隱士。

薄暮與內子傾城[1]並騎入盤門[2]

輕裘細馬東風軟，薄暮盤門並轡來。
波影綠將千堞繞，燈痕紅點萬窗開。
前山漁唱愁蘇子，深巷琵琶妒善才。
信是當爐人婀娜，與卿一酌暖寒杯。

【注釋】

［1］傾城，即張傾城。詳見《附錄　蔡守與時人交遊考》。

［2］盤門，位於蘇州古城西南隅，古蹟眾多，人文景觀豐富。

與室人山塘泛舟

水程七里笙歌繞，燈舫蘇臺［1］載酒來。
遊子鳴鞭眠柳起，漁娃蕩槳落花開。
東風無力難扶醉，春物多情慾誘才。
此夜山塘新月好，與卿更盡鳳皇杯。

【注釋】

［1］蘇臺，即姑蘇臺，又名胥臺。在蘇州西南姑蘇山上。相傳為春秋時吳王闔廬所築，夫差於臺上立春宵宮，作長夜之飲。

登鼓岩堂［1］

岩阿樀足［2］鼓聲沈，蕭寺無人秋氣森。
佛仗藤扶時欲墜，竹爭楚長日相侵。
迷陽滿谷吾何往，邀月靈蹤那可尋訪邀月岩不得。
舉世棲棲干祿士，好山應盡付幽禽。

【注釋】

［1］鼓岩堂，廣西梧州名勝。康熙五十五年，梧州人李世瑞在梧州城北石鼓洞山麓修建了鼓岩堂並在堂前建一牌坊，命名為「蒼梧一勝坊」，題曰「雲山毓秀」。

［2］樀足，投足。指散步。胡韞玉《登鼓岩堂》詩，「岩阿樀足鼓聲沈，蕭寺無人秋氣森。」胡韞玉，詳見《蔡守與時人交遊考》。

與春娘［1］登遙集樓［2］

盛年橐筆入長安，翻共吳娃鎮日閒。
一代人才歸眼底，八陘山色上眉端。
與卿未分終牢落，此世誰能追苦艱。
漫怨東風吹鬢亂，姑容袖手耐春寒。

【注釋】

［1］春娘，民國時人，生卒年不詳，北京妓者。

［2］遙集樓，1906 年張之洞在北京宣外大街 64 號院創辦的畿輔學堂，重要建築有「遙集樓」「不朽堂」等，景觀有「六角亭」「四眼井」「松樹院」等。

上巳遊萬生園［1］

且容仲御安閒坐，那有公望過問來。
太潔可愁丁五濁，不祥莫甚是多才。
未青萬柳將春惱，無意孤花犯節開。
一月京華塵污面，秉蘭臨水自低徊。

【注釋】

［1］萬生園，即北京動物園舊稱。北京動物園肇始於清光緒三十二年成立的農事試驗場。當時大臣端方從德國買來一批動物，交給農事試驗場蓄養，遂成為試驗場的動物園。對此，俗稱「萬牲園」。這一說法延續至今。「萬牲園」屢見媒體。然而，文史資料載，梁啟超等曾組織北京萬生園修禊，《郭嵩燾日記》則以「萬生園」為動物園的代稱。

雪夜春娘［1］留飲

一領狐裘凍不溫，韓潭雪夜訪劉春。
拔釵沽酒情何限，並枕談詩豔絕倫。
都下故人多不賤，花間新特獨憐貧。
閒商身世微之子，寥落宣南［2］孰與親。

【注釋】

［1］春娘，民國時人，生卒年不詳，北京妓者。
［2］宣南，在清代北京城宣武門以南地區，是大多數進京趕考的學子以及四方進京人士落腳的地方，經過幾百年的積澱，這裡形成了北京三大文化風貌，琉璃廠士人文化的風貌、天橋民俗文化、大柵欄商業文化，並逐漸演變為一個具有獨特意蘊的地域文化概念，稱「宣南文化」。

寒食登江亭寄晦聞［1］、貞壯［2］

寒食江亭草不青，東皇多負踏青人。
二君南下吾何北，萬族冬藏氣未春。
鄉思自生今日事，閒情爭遣此時身。

斜陽香冢寒鴉噪，風物將愁與客頻。

【注釋】

［1］晦聞，即黃節。詳見《附錄　蔡守與時人交遊考》。

［2］貞壯，即諸宗元。詳見《附錄　蔡守與時人交遊考》。

清明雪中寄傾城［1］

坐看回雪入清明，遠念鄉邦百感生。
沖節一書無限意，料卿三復不勝情。
木棉妝閣紅應綻，芳草豐臺綠未成。
此日只堪同負載，無端千里別傾城。

【注釋】

［1］傾城，即張傾城。詳見《附錄　蔡守與時人交遊考》。

過羚羊峽［1］

廿年重過羚羊峽，感舊嗟新可語誰。
復疊雲山迷曩跡，侵尋人事耐遐思。
峰高夾水天為隘，岸迴號蛩秋更悲。
剩羨漁家足安樂，未聞今世是何時。

【注釋】

［1］羚羊峽，位於廣東西江肇慶城區下游，歷史悠久，風景優美。

送陳樹人、居若明［1］之日本

我未能歸君又去，寓書為別各潸然。
人誰與世全無意，國自先秋絕可憐。
孰道蓬萊真淺水，同舟伉儷是雙仙。
鄉邦回首塵沙惡，一往夷嵎欲幾年。

【注釋】

［1］陳樹人、居若明夫婦，詳見《附錄　蔡守與時人交遊考》。

薄暮

薄暮添衣正下樓，絕勝風景照吟眸。

依人孤蝶花光冷，帶雨余霞帆影秋。
松徑抱山延野步，梧江鑿空接天流。
憑高眺遠心難囿，雲際輕雷尚未收。

答鄧爾疋[1]日本

邂逅一剎那，仳離千由旬。
東望不可即，中心安得陳。
書發魂與俱，詩來意相親。
會有海月夢，同醉蜻島春。

【注釋】

[1] 鄧爾疋，詳見《附錄　蔡守與時人交遊考》。

答劉三、陸靈素伉儷[1]寄懷原韻

劉家夫婦仙難擬，偕隱江南黃葉樓。
既得湖山應極樂，況能文酒復何憂。
春風鬌影圖初制，白雪詞華句待求。
桃柳水村頻入夢，端知跡遠轉心稠。

【注釋】

[1] 劉三、陸靈素，詳見《附錄　蔡守與時人交遊考》。

中秋白鶴山[1]看月蝕遇雨

百丈峰頭百畝臺，晚霞才散月輪開。
庸知彈指殫殘盡，陡覺驚心黑暗回。
天上姮娥還有劫，人間鋒鏑未須哀。
何堪風更驅雲起，亂雨跳珠入酒杯。

【注釋】

[1] 白鶴山，在廣西梧州，位於潯、桂二江交匯處，昔稱「鶴奔崗」或「飛鶴崗」。

九日白鶴山居有感

夷樓窈窕插穹蒼，詎肯隨人與節忙。
不盡山川供極目，了無風雨入重陽。

剩緣念遠增悁悵，寧為登高迫閉藏。
此日秋聲遍天下，菊花作意向誰黃。

九日寄劉三［1］

半載烽煙聲問闕，題糕［2］時更憶劉郎。
了無人可論今世，那怪君還住故鄉。
沖節馳詩何限意，戒寒憐菊未成黃。
懸知勝日龍華塔，斗酒庸能一忍狂。

【注釋】

［1］劉三，詳見《附錄　蔡守與時人交遊考》。

［2］題糕，典，唐劉禹錫重陽題詩不敢用「糕」字的故事。宋邵博《聞見後錄》卷十九，「劉夢得作《九日詩》，欲用糕字，以《五經》中無之，輟不復為。宋子京以為不然。故子京《九日食糕》有詠云，『飆館輕霜拂曙袍，糗餈花飲鬥分曹。劉郎不敢題糕字，虛負詩中一世豪。』」後遂以「題糕」作為重陽題詩的典故。

小重陽雨中寄晦聞［1］都門

風雨入懷驚節換，忍寒為寫憶君詩。
昨宵著酒俄都醒，今日看花已過時。
去馬來牛成慣見，雄蜂雌蝶漫相疑。
京華一臥秋將晚，國士投閒世可知。

【注釋】

［1］晦聞，即黃節，詳見《附錄　蔡守與時人交遊考》。

送老直［1］再之美洲

苦絕歸來今又去，不勝哀感送君行。
海燐爭焰俄相滅，秋月沖寒分外明。
獨向滄溟編野史，欲憑著述遣餘生。
分攜未了區中事，寧遠重洋闕寄聲。

【注釋】

［1］老直，無考。

小進 [1] 索和無題二首原韻

背人佯醉吻風鬟，回憶當年赧竳顏。
一自姮嫦奔月去，不期重見在人間。

天花著體思迢迢，望斷星河絕鵲橋。
卻笑定庵禪力薄，不能持偈謝靈簫。

【注釋】

［1］小進，即馬駿聲，詳見《附錄　蔡守與時人交遊考》。

與陳訒生 [1]、謝勼香 [2] 遊大潭圍

山色妝成八月秋，秋陰如洗正當遊。
相看朋舊仍吾土，不信河山竟異洲。
幽草向人如有意，清泉咽石為言愁。
熱腸渴對潭千尺，欲飲爭它未自由。

【注釋】

［1］陳訒生，即陳樹人，詳見《附錄　蔡守與時人交遊考》。

［2］謝勼香，即謝英伯，詳見《附錄　蔡守與時人交遊考》。「勼」同「抱」。《說文・勹部》：「勼，從勹覆人。」段玉裁注：「此當為抱子抱孫之正字。今俗作抱字。」

小進 [1] 索和夢中作原韻

偷將鳳翼入重垣，曲曲花房遇紫鴛。
才思騷香兼漢豔，丰姿菊影與梅魂。
分題遍詠琅玕塢，偕隱端居琴瑟村。
一別人天消息杳，墜歡如夢夢無痕。

【注釋】

［1］小進，即馬駿聲，詳見《附錄　蔡守與時人交遊考》。

珠江晚渡

萬頃琉璃浸畫橈，珠江薄暮凍雲消。
天涯湧出一銀鏡，城上高撐雙石碉。
沙艇櫓聲隨北飆 [1]，海幢鍾韻落寒潮。
遙看焰焰燈痕裏，知是誰人教玉簫。

【注釋】

［1］飆，「飈」的異體字。

清明登鎮海樓［1］寄梁七［2］

楚狂休自誇黃鶴，卻遜層樓氣象雄。
五嶽才歸禺嶺小，十年再見木棉紅。
海南春色愁難寄，天末佳人信未通。
遠念遼陽還積雪，故鄉吹暖楝花風。

【注釋】

［1］鎮海樓，明初朱亮祖在廣州北城牆上修建五層樓閣，在越秀山上，曾是廣州市內最高點，襟山帶海，風景極佳。現為廣州博物館。

［2］梁七，無考。

木棉花歌用獨漉子［1］原韻

排空絁瓣霞飛來，千林爭向春暄開。畫圖點綴入碧嶂，鉛火燿燿照丹臺。疑是絳妃棼列霞犀爵，又疑祝融怒擘赬螭角。火齊春雨洗還明，寶炬天風吹不落。奢華差幸亦英雄，豔麗最難不輕薄。牡丹倘是生斯土，也應拜此花為主。陳后休誇赤玉蓮，石郎枉恃珊瑚樹。不離故國長在吾越間，年年煙景娛紅顏。參天材大難為用，唯有含葩先慰民無寒。

【注釋】

［1］獨漉子，即陳恭尹。詳見《附錄　蔡守與古人交流考》。

登司天臺賞雪，寄潘海棠［1］、沈珠香［2］

連日春寒雨不雨，滿天雨被雪留住。凍雲凝結雨化雪，雲重難行暫停駐。日積日重雲無力，忽然狂風來自北。將雲顛簸亂翻覆，雲欲含雪含不得。紛紛賷落如撒鹽，隨風布散天地塞。初時著地輒成水，令我仰觀歎不已。詎知轉眼看花畦，遍埭都如粉益矣。去年小除天雨雪，市中陿［3］阨心愁絕。予今居處司天臺，如此奇觀為吾設。急披罷罱上高臺，照眼瓊瑤世界開。有樹悉作白珊瑚，有土悉作白玉堆。有藤悉作水晶鉤，有花悉作水晶球。有屋悉作碧玉樓，有船悉作碧玉舟。有車悉作雲母輦，有盆悉作雲母甌。天公好潔何其真，萬物一色堊焉新。可惜四野人蹤絕，若有人來亦玉人。言猶未竟忽自顧，燦然雪花飛滿身。此時肌骨玉壺清，思如泉湧何精神。指爪畫雪寫詩稿，寄與銀河之仙子，珠海之仙賓。

【注釋】

［1］潘海棠，無考。

［2］沈珠香，無考。

［3］陿 xia，狹隘；狹窄。《漢書·景帝紀》，「郡國或磽陿，無所農桑毄畜。」顏師古注，「陿，謂褊隘也。」

既非顯長官

既非顯長官，又非名太史。嫯［1］岸入官衙，門狀片白紙。放炮開中門，筍輿竟進裏。直抵花廳口，恭迓如星使。下輿一握手，何曾與半跽。急急延上座，傾耳聽辭旨。公事早言訖，閒譚更樂只。佯作解文明，禮宜見妻子。旋呼肆瓊筵，酒肴極豐美。嬌女進羽觴，豔姬陳玉簋。媚譽客綺年，豐儀美容止。客亦假殷勤，示愛以欷是（譯音）。酒闌客微醉，請轎歸去矣。借問此何人，聞道一亡士。主人禮何隆，因佗［2］外國仕。

【注釋】

［1］嫯 ao，古同「傲」。

［2］佗 tuo，同「他」「它」。

黃鶴樓題壁

久聞黃鶴樓，惄［1］之如調饑。一旦來夏口，隔江先仰睎。爭奈煙波闊，入望微乎微。詰朝鼓蘭枻，來尋黃鵠磯。江城周覽無所睹，疑是仙人拔樓飛。笑問路傍人，告我重嗟欷。幾經兵燹樓幾改，於今重見異昔時。欷歔乎，即今黃鶴天外歸，江城樓閣已全非。當年跨鶴知是誰，或云費文褘。或云荀叔褘，神仙渺茫不可知。我今發此語，必貽新民譏。但是維新本不尚形色，此樓安用愛蠻夷。何異畫放翁，強作衣㚕［2］衣。全失古人意，不免騷人嗤。陳跡不可見，休吟崔灝詩。天涯亡士此棲遲，煙波江上徒傷悲。

【注釋】

［1］惄 nì，憂思；憂傷。

［2］㚕wēng，外國衣。

長至日重到大通寺[1]探梅，與社友鄧爾疋萬歲[2]、胡伯孝熊鍔[3]、謝次陶祖賢[4]、張蘊香蕙[5]聯句

荒江野寺梅橫斜，苔枝才著三五花。輕舫蕩影波不定爾疋，芳榼逢辰意自加。衝節衝寒衝浪去寒瓊，還來前日尋詩處。孤松高竹話冬心，林間笑索寒花語伯孝。古木能回太古春，寧知空谷有佳人。破籬寂寂日停午次陶，黃雲承襪生清塵。小闌低亞迷疏影蘊香，選韻頻呵毫墨冷。汲汲光陰弱線添爾疋，敗葉叢埋煙雨井。荒寒三徑草相侵寒瓊，未許孤山獨姓林。銅瓶紙帳倘相貯伯孝，小袖雲藍抱素琴。買山買鄰如可得爾疋，劃花為疆竹為域。召要酒虎與詩龍[6]次陶，此中手闢蘊香國。曲檻移春肆俊遊蘊香，月明彷彿入羅浮。仙姝影瞥凌波去寒瓊，莫向人間說不休伯孝。

【注釋】

[1] 大通寺，宋代廣州八大鎮之一的大通鎮，位於芳村花地，鎮內建有一寺，即大通寺。據《南漢書》卷十七列傳第十一僧達岸條載，「僧達岸，名志清，姓梁氏，新州人。……一日，渡城河西，阻風，登南岸，愛其地僻，奏請移居。後主為發帑藏，建寶光寺，使駐錫焉。」寺內有一井，同治《番禺縣志》卷五記載，「煙雨井在大通寺中，晨熹初散，常嫋輕煙，所謂『大通煙雨』是也。」「大通煙雨」從宋代開始就成為羊城八景之一。

[2] 鄧萬歲，即鄧爾疋。詳見《附錄　蔡守與時人交遊考》。

[3] 胡伯孝，即胡熊鍔。詳見《附錄　蔡守與時人交遊考》。

[4] 謝次陶，即謝祖賢。詳見《附錄　蔡守與時人交遊考》。

[5] 張蘊香，即張光蕙。詳見《附錄　蔡守與時人交遊考》。

[6] 酒虎詩龍，喻嗜酒善飲、才高能詩之人。清丘逢甲《東山酒樓次柳汀韻》，「狂飲且共樓頭醉，酒虎詩龍各自豪。」

夢魂奇

夢魂奇，夢魂奇，夢魂之奇不可知。遠仳離，長相思，夢魂夜夜恒飛馳，飛馳千里猶片時。蒼蒼者海，不事航之；兀兀者山，不事梯之。如鳥有翼，逆風行之。鱗甍狎獵具鵠識，翩然飛落綺昆簃。爐煙輕嫋燈將炧，紫茸雲氣窣低垂。碭突偷揭綃幃入，嬌睫朦朧睸藐姿。掀衾欠身起，搵擥相忻喜。蛺蜨那能知，鴛鴦差可擬。夢魂俩佛曉鐘驚，空階煙鎖欲平明。心忐忑，枕攲橫。揎衣慵發遲遲起，好夢蜘蛛難再成。詎知夜夜夢魂續，幾度魂遊歧路熟。自謂夢魂

之事心所形，又謂夢魂之境原窈冥。今朝青鳥傳書至，夢魂肇允竟通靈。何取據卿夢，恒見阿郎歸。郎夢遇卿皆能語，郎夢未見阿卿來。卿夢尋郎不知去，只許郎到阿卿家。不曾卿到阿郎處，是耶否耶。夢魂奇，夢魂之奇安得知。

珠江紀遇三江全韻

挐舟花埭彶[1]，月送下珠江。櫓韻和檀板，燈痕認畫艭。檣林千樹密，帆葉百重逄[2]。岸弱波光渺，湖強海石峣。鶯花歸寶鏡，風月滿篷窗。番舶形模怪，彝樓氣勢龐。半江船絡絡，萬頃水漎漎。維纜臨春樹，移舟倚石矼。東風颸五兩，夜霧滯重雙。星燦垂天繐，煙深隱海幢。任囂城柝韸[3]，慈度寺鐘撞。鰋鯉吹桃浪，鷺鷥據柳樁。按籌拇戰急，鄰舫笑言哤[4]。燭影珠光燦，船唇屐韻跫。參茶銀碗七，壓酒小鬟雙。麝氣薰羅袖，花香撲玉缸。秦雲教姊挽，秋水泥人瞠[5]。忻賞延年瓦，同餐益壽垹。嬌姿洵晤[6]藐，巧辯不愚惷。翠袂籠瓊藕，春衫映綠茳。便嬛疑趙燕，婍妮逼神娏。擓[7]咬吟長篴，鏗鍧擊古椌。綺筵陳海錯，野饌雜蔬蠖。樽喜形青象，杯驚泛紫蛖。暝偎肩是玉，醉有筆如槓。豔冶微之羨，騷狂白也降。聲清簫可葉，句健鼎能扛。綺語情偏麗，豪吟志不悚。素心言雅適，白戰字矛鏦。新色碧鮮染，清詞玉潤摐。構思橫彩筆，催韻急檀梆。遠浦迷春草，危機韸夜瀧。浮雲籠滃灇，殘月落崆谾。洲上時眠鶴，波間乍吠尨。夜深人悄悄，汐退水淙淙。祆廟疑羅馬，裵[8]衣識冄駹。琵琶停隔座，舢舨逐飛洚。汽笛沈將絕，檣燈暗欲黮。輕雷隨水去，微雨替花稯。海寺初鐘動，譙樓六鼓韸。故人歸別舫，新特擁殘釭。邂逅傾誠悰，纏綿吐信悾。窗紗描白薙，燭燼剩紅豇。把臂禯情盎，投懷醉眼朧[9]。蟎床陳繡褥，蓉帳晾朱橦。繞枕鶯聲軟，披襟菽發尨[10]。釵鬟橫鞸亂，釧動玉琤瑽。呵麝工櫻吻，撐衾擅筍蹝[11]。奇歡酥骨髓，顫韻媚牙腔。愛繫同心結，歡銘如意玒。今宵饒韻事，豔跡補南邦。

【注釋】

[1] 彶，同「返」。

[2] 逄 páng，逄逄，象聲詞。

[3] 韸，同「響」。

[4] 哤 máng，言語雜亂。

[5] 瞠，從「目」從「空」。疑當為「啌」，啌同「嗆」。

[6] 眳 míng，原從「耳」從「各」，當誤。按，眳，眉睫之間。張衡《西京賦》：「眳藐流眄，一顧傾城。」

[7] 䵷wā，同「鼃」，青蛙。

[8] 褭wēng，外國衣。

[9] 朚máng，目不明。

[10] 㐷，原作從「口」從「㐷」，據《南社叢刻》改。

[11] 䉶shuāng，《改並四聲篇海·足部》引《餘文》，「䉶，並立也。」

留別楊匏香 [1]

胥宇才一年，款實深於海。

國步逼仳離，卿我竟何辠。

磨折任萬千，石爛終不改。

持此一寸心，白首誓相待。

感卿寵我行，淚珠三百琲。

【注釋】

[1] 楊匏香，即楊瓊笙。詳見《附錄　蔡守與時人交遊考》。

師子林 [1]

有客胥臺歸，語我師子林。奇石甲天下，疊寘尤巧心。直以數弓地，幻作丘壑深。非出雲林手，孰具此匈 [2] 襟。吾生有石癖，聞之安可禁。今日嫁吳門，弛擔輒訪尋。但見錯楚間，亂石支苔岑。一覽已無遺，淺率渾布碪。肇允陳跡改，結構全殊今。譬媲一名畫，後為庸工臨。不辨真與贗，聞名徒仰欽。世之耳余輩，珷玞混球琳。

【注釋】

[1] 獅子林，又名五松園。是蘇州四大古典名園之一，元代園林的代表作。面積約 1 公頃。元至正二年（1342），僧天如禪師為紀念其師中峰禪師特建菩提正宗寺，後易名獅林寺。明萬曆二十年（1592）改名聖恩寺，清乾隆十二年（1747）改稱畫禪寺。獅子林即寺後花園，由朱德潤、趙善良、倪元鎮、徐幼文等集體籌劃設計。因園中有怪石似獅狀，又因中峰禪師曾結茅天目山獅林岩，並取佛經中「獅子座」之意，故名。

[2] 匈，「胸」的古字。

和玉溪[1]寫意原韻

別鵠離鸞共一林，春宵各有斷腸吟。
落花兩朵情何限，入木三分哀莫深。
剩馥溫黁[2]思桂穴，密雲不雨苦蘭衾。
年來已製相思淚，今夜無端又不禁。

【注釋】

[1] 玉溪，即李商隱。詳見《附錄　蔡守與古人交流考》。

[2] 溫黁 nún，溫暖芳香。

題《環中集》[1]

喜聞幽壑閉藏時，竟得英才教育之。
石室辟兵應極樂，嵐泉為句未宜悲。
空山師友足千載，亂世文章有五噫。
更看洞天留勝事，大書深刻太山碑。

【注釋】

[1]《環中集》，清江蘇吳縣人金學蓮著。金學蓮，詳見《附錄　蔡守與古人交流考》。

贈留春校書[1]集定庵句六首

燕蘭識字當聰明，我亦當筵拜盛名。
撐住南東金粉氣，美人材調信縱橫。

何須燕罷始留髡，身世閒商酒半醺。
辛苦癡懷無用訴，商量出處到紅裙。

愁煞漂霝未有期，卿籌爛熟我籌之。
書生挾策成何濟，留報金閨國士知。

留仙裙褶晚來鬆，誰遣藏春深塢逢。
萬種溫黁何用覓，胭脂染得玉笙紅。

甝甝益陽風骨奇，怪誕百出難窮期。
嬌鬟堆枕釵橫鳳，春倦如雲不自持。

誰肯心甘薄倖名，羽玲安穩貯雲英。
一番心上溫馨過，整頓全神注定卿。

【注釋】

[1] 留春校書，即春娘。

題《香痕奩影續錄》[1]，即和瘦坡[2]寄懷原韻

心死才知是大哀，中原馬去見牛來。
壯懷消盡風懷在，新詠千章繼玉臺。

【注釋】

[1]《香痕奩影續錄》，方瘦坡作。高燮也有和作《題方瘦坡香痕奩影錄》「女兒心性猜來慣，卷中恍睹桃花面。一字一銷魂，銷魂十二分。香痕留不住，奩影無憑據。只是忒關情。撩人影與痕。」題注，1917 丁巳作。

[2] 瘦坡，即方廷楷。詳見《附錄　蔡守與時人交遊考》。

清明後一日，訒生[1]將赴日本，同人祖餞於珠江畫舫，即席用子匋韻

紫楝飛飛復弄寒，寵行樽酒醉江干。
詩心早蘊停雲意，畫本還留落月看。
客有汪倫情靡盡，婦如徐淑別尤難。
東鯷煙雨輕帆卸，可是櫻花尚未殘。

【注釋】

[1] 訒生，即陳樹人。詳見《附錄　蔡守與時人交遊考》。

四月五日大埔卜築車中聯句

十里松濤路自彎靜存，驅車馳破幾重山。
青浮島樹雲帆外百越，紅媚山花鳥道間。
欲傍海濱尋囊跡哲夫，試沿澗曲認蒼顏。
而今休問前時事靜存，且逐漁樵與課閒百越。

四月五日與靜存[1]遊大埔

連峰一徑羊腸彎，間樹繁花猩色殷。

聯句吟安幾個字，輕車飛過萬重山。

釣遊疇昔猶能說辛酉（1921）曾避地居此一年，景物低徊肯遽還。

大好田園臨海曲，誅茆及早莫拋閒。

【注釋】

[1] 靜存，即鄒淩明。詳見《附錄　蔡守與時人交遊考》。

歸途再疊前韻

車回斜徑彎復彎，花媚斜陽殷復殷。

薄醉欲眠聽曲水，高吟得句譹 [1] 空山。

素心何日數晨夕，短杖常年共往還。

歸與妻孥話偕隱，夢中樓閣未應閒。

【注釋】

[1] 譹，同「響」。

四月廿七日薄莫小醉，與傾城、小燕、遊威 [1] 偕耐之、阿三、阿聞遊深水埠

孤雲落日乍姓 [2] 天，淺醉閒行小散仙。

石筍銳於干莫末，浪花爭似木難圓。

催人中歲看兒女，避地為鄰亦夙緣。

古寺聯吟春雨夜，可能回憶廿年前。

【注釋】

[1] 傾城、小燕、遊威，蔡守妻張傾城，長女蔡小燕，柳亞子賜名，長子蔡遊威。

[2] 姓 qíng，天空中沒有雲或雲很少。後作「晴」。

題《淮南集》寄周實丹 [1]

淮南文獻近何如，亂世詩人賦彼都。

詎為科名刊國表，爭扶大雅易時趨。

感深陵谷多懷舊，道在雲霄莫歎孤。

手挽狂瀾上壇坫，聯吟應共薄娵隅。

【注釋】

[1] 周實丹，即周實。詳見《附錄　蔡守與時人交遊考》。

雪夜訪慧德禪[1]，歸過白渡橋[2]

乍看此夜橋盈雪，翻訝誰家雪塑橋。
百尺虹腰雲母飾，兩行雁齒水精雕。
瓊樓有路人非遠，玉杵多情夢轉遙。
只恐南溟歸去後，鴛鴦無語百花銷。

【注釋】

[1] 慧德禪，無考。

[2] 白渡橋，位於上海蘇州河下游河口，瀕臨黃浦江，長 33 米、寬 5.3 米、三拱的石拱橋，是舊上海的標誌性建築之一。1916 年秋動工，1918 年建成。另有一座外白渡橋，1908 年落成通車。由英國人建成的中國第一座全鋼結構鉚接橋樑。也是上海的標誌之一，同時也是上海現代化和工業化的象徵。

丙辰（1916）燈夕阮簃[1]坐雨，答劉漢聲超武、李綺仙錦襄[2]伉儷，即次原韻

深幄春燈鬢影風，劉家夫婦可相同。
誰憐負戴如吾偶，已倦江湖作長翁宋陳造事。
花外早聞裁韻豔，鏡邊爭似畫眉工。
坐看伉儷歸吟社，迴句名章欲並雄。

【注釋】

[1] 阮簃：即張傾城。詳見《附錄　蔡守與時人交遊考》。

[2] 劉漢聲、李綺仙，無考。

丙辰（1916）寒食枕上口占

明朝上巳正清明，勝日偏教百感生。
未放木棉寒尚在，只憑樽酒夢初成。
殘燈著影書千卷，長被蒙頭夜幾更。
密幄深深聊靜臥，何堪曉角起空城。

山窗丙辰（1916）三月十一日避兵香港，稅居旺角上海街五百三十四號二樓

碧嶂丹厓氣勢龐，砌雲萬木翠幢幢。
隨時著榻嵐光滿，沖曉入奩松影雙。

一飲卻思卿共醉，奇愁旋仄覺酒難降。
春風鬢影閒消受，同倚山窗憶水窗。

破曉與閨人登王仄角山 [1]

不曾梳洗輒同登，撥草沖煙入遠林。
寒綠與謀開睡眼，高泉好借顏煩襟。
孤雲秀壁心如在，累嶂連峰意未深。
此地著閒拚竟日，雲藍小試拂苔岑。

【注釋】

[1] 王角山，香港地名，無考。

海澨春暮

水天愁思共茫茫，想像浮桴意亦狂。
脫或行吟歸澤國，可能留命待滄桑。
殘舟著岸開鷗席，曲島回波入鷺鄉。
海裔避兵春又晚，釣竿換日日偏長。

山窗雨夜得琴緣、雨池、伯戩 [1] 和詩，更依前韻答之

新詩脫手旋仄都忘，和韻傳來喜欲狂。
殘夜聞雞正風雨，何年把酒話蠶桑。
了知洴澼成斯世，那怪萑苻滿故鄉。
堆枕無窮家國恨，燭花吹老五更長。

【注釋】

[1] 琴緣、雨池、伯戩，無考。

四月十一日暫歸寒瓊水榭，東楊篴庵寶鏞 [1] 杭州

水閣暫歸逾覺好，斠碑消夜夜眠遲。
鼠翻窗網塵堆硯，魚躍闗橋月滿旗時水關駐兵。
亂世那容分白黑，孤城寧復問安危。
秦金漢玉還無恙，永願吉祥雲護持篴庵來書云，「吾儕金石皆節衣縮食得來，非強奪巧取者，此當有吉祥雲為之擁護。」

【注釋】

［1］楊遂庵，即楊寶鏞。詳見《附錄　蔡守與時人交遊考》。

雨窗夢覺

水晶眠夢琉璃枕，夢覺窗跳大小珠。
影瞥亂峰山作祟，周遭曲島海成湖。
煙雲過眼世如此，風雨入懷人未殊。
鐵馬飛騰原自寂，了然孤抱一塵無。

和勿莽［1］感懷原韻並寄甦庵

世猶毾毲宛棼絲，只合寒林戢影時。
獨抱千春唯絕業，早輸一著況殘棋。
江湖堆眼知何往，蘭茝盈腰系所思。
從古封侯都細事，如花孅嫿莫輕離。

【注釋】

［1］勿莽，無考。莽，古同「庵」，小草屋。

山窗中酒，湯石予［1］寄詩即和原韻，時石予初歸蓬閬［2］

岩翠當窗滴蟹杯，名章入手醉眸開。
千秋絕業回孤抱一作由旬絕海生遐思，此日荒江有隱才。
世亂在貧無可獾［3］，山深為句未宜哀。
料量蓬閬多幽致，可許寒瓊買夏來。

【注釋】

［1］湯石予，無考。

［2］蓬閬，地名，蓬閬鎮屬於昆東重鎮，具有八百多年歷史。崑山市 20 個鄉鎮之一，蓬閬鎮一直以歷史上的「閬」字沿襲使用。現改稱為蓬朗鎮，有石予北路。

［3］獾，同「逭」。逭，逃也。《說文》行相避逃謂之逭。

和芷畦［1］《憤懷》原韻

看朱成碧不勝愁，錯引仇讎作侶儔。
竊國竟教依樣畫，為裘應悔與狐謀。

能回天地知何世，獨抱琴書入海樓。

正念家山歸未得，新辭妒煞竹枝詞［2］時芷畦以《柳溪竹枝詞》寄贈。

【注釋】

［1］芷畦，無考。

［2］詞字不押韻，疑當為「謳」。

題余十眉《寄心瑣語》後［1］

一篇暗記生平事，卻抵潘岳江淹哀悼詩。

此日洛神留剩墨，當年煙雨訪殘碑。

誅茆偕隱偏乖願，入木深愁為底悲。

文情足增伉儷重王武子謂孫楚悼亡詩「未知文生於情，情生於文，覽之淒然，增伉儷之重」，末世澆風寧勿移。

【注釋】

［1］余十眉，即余其鏘。《寄心瑣語》，余其鏘著。詳見《附錄　蔡守與時人交遊考》。

與爾疋［1］別已經歲，六月十二夕相晤赤柱山下，詰朝爾疋挈眷入桂林，率成一章並寄鹿笙、靈飛［2］

麻姑買命經年別，乍見旋離不傷情。

島市尋樓談囊跡，海風吹月作秋聲。

了知粵難何曾已，渴欲漓遊竟未成。

深妒兩家詩伉儷，結鄰安隱住山城。

【注釋】

［1］爾疋，即鄧爾雅，詳見《附錄　蔡守與時人交遊考》。

［2］鹿笙、靈飛，即杜宴、倫靈飛夫婦。詳見《附錄　蔡守與時人交遊考》。

七夕山麼獨坐，望香港燈火憶篆魂［1］

滄桑留命三年別，愁絕今宵鬲［2］海隅。

島市燈痕成漢渚顏測七夕詩「漢渚起遙光」，伊人顏色鬥仙姝。

牛郎何幸得天女，巧婦終憐嫁拙夫。

乞借靈禽填恨海，寒瓊還復近溫瑜。

【注釋】

［1］篆魂，無考。

［2］鬲 gé，通「隔」。

島樓書畫雅集有序

七夕後一日愉園拈花館書畫雅集，蒞止者伍懿莊［1］、尹笛雲［2］、潘景吾［3］、居秋海［4］、鄧寄芳［5］、李孟哲［6］、傅蒲仙［7］、關蕙農［8］、梁子芹［9］、姚粟若［10］、簡琴石［11］、楊侖西［12］、鄭侶泉［13］、李樹屏［14］、宋順之［15］、包壽銘［16］、王湘岑［17］、李直繩［18］及余共十九人。

開島百年無此會，江山信美待傳人。
海桑還帶捐燕感，書畫寧閒去國身。
象裏拈花看萬彙，樽前著筆共千春。
風鬟堆眼燈連樹，誰抱孤芳出髴塵。

【注釋】

［1］伍懿莊，即伍德彝。詳見《附錄　蔡守與時人交遊考》。

［2］尹笛雲，即尹爟。詳見《附錄　蔡守與時人交遊考》。

［3］潘景吾，即潘達微。詳見《附錄　蔡守與時人交遊考》。

［4］居秋海，即居曦。詳見《附錄　蔡守與時人交遊考》。

［5］鄧寄芳，即鄧桂史。詳見《附錄　蔡守與時人交遊考》。

［6］李孟哲，詳見《附錄　蔡守與時人交遊考》。

［7］傅蒲仙，即傅壽宜，詳見《附錄　蔡守與時人交遊考》。

［8］關蕙農，即關超卉，詳見《附錄　蔡守與時人交遊考》。

［9］梁子芹，畫家。詳見《附錄　蔡守與時人交遊考》。

［10］姚粟若，畫家。詳見《附錄　蔡守與時人交遊考》。

［11］簡琴石，即簡經綸，詳見《附錄　蔡守與時人交遊考》。

［12］楊侖西，即楊其光，見《附錄　蔡守與時人交遊考》。

［13］鄭侶泉，畫家。詳見《附錄　蔡守與時人交遊考》。

［14］李樹屏，詳見《附錄　蔡守與時人交遊考》。

［15］宋順之，無考。

［16］包壽銘，無考。

［17］王湘岑，無考。

[18] 李直繩，無考。

中元節梁灌晨召姚嶰雪 [1]、伍懿莊、尹笛雲、居秋海、鄭侶泉、潘景吾、姚粟若、傅蒲仙、李樹屏、陳禮清 [2] 及余共十一人作畫會於拈花館

又集園亭張盛會，分縑為繢興尤豪。

容謀一醉拚疊罄，欲傍千燈看月高。

家國倒縣何日解「盂蘭」乃倒縣救器之譯音，世人飾食於盆，誤矣，人天微笑眾生勞。

毒龍信可安禪制楊炯《盂蘭盆賦》「毒龍怒號兮赫然」，獨遣吾儕擘蟹螯。

【注釋】

[1] 姚嶰雪，無考。

[2] 陳禮清，無考。

丙辰（1916）十二月三日三遊羅峰 [1] 觀梅，與陵孟徵 [2]、陵去愚 [3] 同遊

五年三入羅岡洞，今度偏遲判月來。

壬子沖泥愁欲委，甲寅向暖惜全開。

冬暘不雨為花祟，曩跡重尋與鶴猜。

未得住山窮活計，寧辭歲歲一探梅。

【注釋】

[1] 羅峰，在廣州東郊蘿崗。周圍環山迭翠，當中一片谷地，橫亙十餘公里，只有西面一條進出孔道。洞內遍植青梅、荔枝等嶺南佳果，每當冬季梅花盛開之際，漫山遍野，似瑞雪飄飄，香潮陣陣，蔚為奇觀，有「蘿崗香雪」之稱，為羊城八景之一。洞內深處的蘿峰山，林木陰翳，一道山泉自坑道曲折下瀉，有宋玉岩書院，沿書院右側登山不遠，有一亭，名東亭，每年梅花開放時，遊人在此賞梅。亭東一石高聳，形似屏風，名玉屏石，登上屏頂，蘿崗洞景物歷歷在目。玉屏石東面為漱玉臺，山泉繞流石罅間，音節細碎。「東亭觀梅，玉屏春望，漱玉聽泉，山樓夜月」，合稱蘿峰四景。此外，蘿崗洞內還有「玉壐遠眺、金蟾在前、石榴香溪、催詩岩、流觴石」等，都是領略泉石佳趣的勝境。

［2］陵孟徵，無考。

［3］陵去愚，無考。

羅峰看梅憶舊遊朋儕

黃晦聞［1］王西海［2］遠別愁難約，潘至中［3］李茗柯［4］相邀不果來。
暗記此株曾共折，今遲判月未全開。
頻年離亂山無恙，舊侶漂靁［5］花似猜。
各抱冬心絕塵事，未應辜負玉喦梅。

【注釋】

［1］黃晦聞，即黃節。詳見《附錄　蔡守與時人交遊考》。

［2］王西海，無考。疑似為王蘊章，號西神。

［3］潘至中，即潘和。詳見《附錄　蔡守與時人交遊考》。

［4］李茗柯，即李尹桑。詳見《附錄　蔡守與時人交遊考》。

［5］靁，同「零」。

宿羅峰寺［1］三疊前韻

一宿難忘香雪海，今宵未負戒寒來。
花藏山腹香愈聚，峰露月牙雲乍開。
林下美人空想像，夢中瑤珮費疑猜。
誅茆萬一從吾願，坐擁瓊姝旁玉梅。

【注釋】

［1］羅峰寺，即玉岩書院。蘿峰寺始建於宋代。初由蘿崗鍾姓始組、宋宣議郎鍾遂和築廬於蘿峰山麓，名曰種德庵。鍾遂和的門生、宋右相崔與之和鍾遂和第四子、朝議大夫鍾玉岩，少年時曾在此讀書。後鍾玉岩辭官歸里，精心擴建，築餘慶閣、漱玉臺等，改名為「蘿坑精舍」，專門用作教子授徒的場所。

天竺、臘梅、水仙、黃菊同供匋［1］瓶，四疊前韻

頓覺幽窗生絕豔，醉攜黃菊水仙來。
選枝已盡橫斜致，犯臘尤難爛漫開。
顧影我卿相併瘦，憑肩兄妹了無猜。
為圖自有歲寒意，三友何拘松竹梅。

【注釋】

[1] 匋 táo，同「陶」。

歲除和菊衣 [1] 韻

殘歲崢嶸到今夕，臘燈紅處足低徊。
南田剩馥花爭豔臨甌香《歲朝清供圖》寄友，西漢遺文木未灰南越冢木題字初裝池。
小閣坐憐秋後菊，古匋留得月初梅十二月三日羅岡折歸，梅花未落。
勞勞萬態人間事，春色明朝一迾來。

【注釋】

[1] 菊衣，無考。

丙辰（1916）除夕和笛公 [1] 韻

了無人解癡呆好，獨願癡呆年復年。
世事幻於魂夢裏，臘燈紅接混茫先。
共謀淺醉都清福，娋脫塵拘即簡緣。
還欲祭詩賒酒脯，憶翁已笑錦為錢。

【注釋】

[1] 笛公，即尹爟。詳見《附錄　蔡守與時人交遊考》。

丁巳（1917）元旦和菊衣 [1] 花韻

忍把年時論舊新，年新依舊歲寒人。
奇花自抱孤芳意，一塵思除萬古塵。
只守幽窗求獨樂，未容專壑著閒身。
冬心那解東風暖，氰 [2] 壤皆春非我春。

【注釋】

[1] 菊衣，無考。

[2] 氰，同「霄」。

丁巳（1917）正月廿日，雨中過六榕寺看梅花重放，次西航 [1] 原韻二首

墜歡重拾勝前時，綠葉成陰花滿枝。

宛似梨雲春帶雨，羅浮仙境絕矜奇。

不期姑射逐春回，珠帶瓊花更勢裁。
應與師雄［2］緣未了，月明再見美人來。

【注釋】

［1］西航，無考。

［2］師雄，無考。

丁巳（1917）花朝暗記

山瓶乳酒下青雲借杜句，小閣春陰帶夕曛。
密幅新歡徬［1］人豔，紅潮登頰褪湘裙。
璧人帳裏呼如璧，名字高華出衛風。
蟬附鳳翔師李女，衾池春暖浪翻紅。

【注釋】

［1］徬quǎn，徐行。

二月廿五日與留春［1］登遙集樓［2］

盛年橐筆入長安，翻共吳娃鎮日閒。
一代人材歸眼底，八陘山色上眉端。
與卿未分終牢落，此世誰能道苦艱。
漫怨東風吹鬢亂，姑容袖手耐春寒。

【注釋】

［1］留春，即春娘。

［2］重前一首《與春娘登遙集樓》。

丁巳（1917）上巳北郊修禊

去歲清明逢上巳，不堪孤閣寄危城。
連峰戍壘經年劫，流水浮杯此日情。
卻信佳人能癖潔，旋愁今世未宜清。
秉蘭太息鋤將盡，郊北招魂淚一傾。

夜歸水榭 [1] 丁巳（1917）

連宵宵判才歸去，月脫流雲弄嫩晴。
春堞木棉隨雨盡，夜橋燈火與波明。
潮生溢岸初收網，茶熟吹瓶宛奏笙。
誰識隔河中婦意，水窗顧影坐殘更。

【注釋】

［1］蔡守在廣州居址之一曰「寒瓊水榭」。

五月三日過榴花塔 [1] 下

帆腹弸彋荔子風，強浮山色雨空蒙。
榴花塔下榴花放，可是當年戰血紅。

【注釋】

［1］榴花塔，在東莞峽口村南銅嶺山巔上，始建於明萬曆間，陳伯陶《東莞縣志》記載，「溫塘、壇涉、茶山三鄉鼎立，皆以兩溪為帶而出峽口以通東江，總之巽流也，宜鎮以塔」。塔旁原有宋抗元義士熊飛將軍故里榴花村，故名榴花塔。塔呈八面七層，高 30 米，以紅石為基，青磚灰沙砌築。

過無病泉 [1] 寄爾疋 [2] 泉在資福寺 [3] 法堂，孫《志》未載。爾疋號病夫

水周堂近無病泉，病夫至竟原無病。
淮南常治無病病，參透真如靈覺性。

【注釋】

［1］無病泉，原在東莞資福寺內，今已無存。

［2］爾疋，即鄧爾雅。詳見《附錄　蔡守與時人交遊考》。

［3］資福寺，在東莞，為粵東名剎，遺址在今東莞莞城小學內。始建於南漢。寺內有「南漢大寶五年石塔」，俗稱「象塔」。翁方綱《粵東金石略》記云，「東莞縣資福寺石塔。南漢禹余宮使邵廷琄以群象害稼，聚象骨建石塔以鎮之。記文已剝壞，首行略云，『以大寶（缺六字）乙卯朔六日，庚申（缺五字）面招討使、特進行內侍監、上柱國（以下不可辨）。』此下略云，『買地一段，砌塔五層，四面龕室裝嚴』云云。自五六行以下，皆偈銘，益模糊不可讀。凡拓二紙。《南海古蹟記》云，『東莞鎮象塔，禹余宮使邵廷琄造。禹余宮，漢離宮也。廷琄官名，僅見於此。邵廷琄事後主，官內常侍。大寶初，宋已易周祚，廷琄言於後

主曰，真主已出，必將盡有海內，其勢非一天下不已。請飭兵備，且遣使通好於宋。後主惡廷琄言直，深恨之。及潘美陷郴州，始思廷琄言，詔廷琄為招討使，率舟兵屯洸口，廷琄招輯亡叛，訓士卒，修戰具，國人賴以少安。或誣廷琄將圖不軌，後主遽遣使賜死。士卒立廟之。今尚在洸口，而土人無知之矣。』」1966年，廣東省博物館發掘遷移該塔，重立於東莞市博物館。塔基出土宋熙寧元寶、元豐通寶、崇寧重寶等錢幣，塔下並無象骨，為此否定此塔為「鎮象塔」，並據此罔定為宋建。違反了一種基本常識「宋人不可能用前朝官吏的名銜造紀念性質的東西」。筆者編撰出版的《廣東碑刻銘文集》（廣東高等教育出版社，2019年）收集了民國時期的該塔殘存銘文拓片，殘文曰，「以大寶□□□□□□月乙卯朔六日庚申，□□□□□面招討使、行內侍監、上柱國邵□□（已下不辨字數）地一段收（此下不辨字數）及諸寺院僧尼，鐫造佛頂尊勝□□尼□□（此下不辨字數）大白衣觀□□□□薩尊□□（以下不辨字數）塔五層，四面龕室，莊嚴佛像，又捨黑□□（此下不辨字數）老僧延嗣住持焚修。伏以所崇妙善，蓋□□□□□□□□群象踏食百姓田禾，纍奉敕下，人採捕驅括，入欄烹，應贍軍□□，其帶甲披□□□負耒之□□□，遺骸滯魄，難超捨去。□□（此下不辨字數）良因，免涉幽扃之苦；速承濟渡，永辭異類之徒。」

和龍丁、華書[1]伉儷《春愁秋怨詞》原韻

愁春

夜雨小桃初試劫，東風弱柳乍摧殘。
要支困絕應羞諱，斜壓春衾夢不安。

春愁

新歡如夢夢如煙，只赤雕牆萬里天。
風弄花枝撩悵望，春心愁緒兩相牽。

春怨

已拚跡遠卻心稠，繡伴無端說粉侯。
媒介不來春又晚，珠簾咒煞雨中鳩。

怨春

幾度幽期至竟空，殘宵獨耐落花風。
墜歡拚遂春歸去，薄倖無端入夢中。

愁秋

心作銀床著轆轤，驀看零露入庭蕪。
秋來春去音書杳，還道今生不負吾。

秋愁

月照離人分外明，空閨悄坐聽秋聲。
涼生衾簟難成寐，作祟寒蟲徹夜鳴。

秋怨

羅袖西風著意吹，非關愛月夜眠遲。
伊人秋水愁難寄，又過針樓乞巧期。

怨秋

鏡潮鏡汐玉容非，瘦比黃花花亦俙。
大抵如花都命薄，坐憐秋燕不雙飛。

【注釋】

[1] 龍丁、華書，即費硯夫婦。詳見《附錄　蔡守與時人交遊考》。

問曼殊 [1] 病

從癡有愛病菩薩，調伏眾生可除病。
病原無病藥無藥，早悟真如靈覺性。

【注釋】

[1] 曼殊，即蘇曼殊，詳見《附錄　蔡守與時人交遊考》。

醴陵劉今希 [1]、寧波劉筱墅 [2] 皆有《釣月圖》索題，偶成分寄

偏是劉家工釣月，一山一水兩漁竿。
醴陵峻極沙湖闊，未曉月光何處寒。

【注釋】

[1] 劉今希，即劉澤湘，詳見《附錄　蔡守與時人交遊考》。
[2] 劉筱墅，即劉筠，詳見《附錄　蔡守與時人交遊考》。

為王嘯蘇 [1] 畫《寒燈風樹圖》並題一絕

我是哀哀遺腹兒，為圖今夕不勝悲。

寫燈寫樹尋常事，寫到寒風淚暗垂。

【注釋】

[1] 王嘯蘇，詩人。詳見《附錄　蔡守與時人交遊考》。

別琭君 [1] 三首

已別三四年，又去幾千里。
何日是歸期，悠悠似江水。

昔日為遊子，今日為亡士。
遊子猶有方，亡士無定止。

離別休云慘，中原多事秋。
莫將亡國恨，換卻別離愁。

【注釋】

[1] 琭君，無考。

甚雨三首

甚雨三兩日，四山沉若失。
白箭無時停，困人在深室。

十里盤馬地，三里打球場。
一夜成雙湖，夾鏡望汪洋。

罷帤 [1] 犯雨出，獨坐對飛泉。
飛泉疑倒海，萬斛浪珠圓。

【注釋】

[1] 罷帤，罷，「羃」的訛字。《篇海類編・器用類・網部》，「羃，音異。」《康熙字典・網部》，「罷，按即羃字之訛。」帤yù，衣。《篇海類編・器用類・網部》，「帤，衣也。」「羃帤」，也作「帤羃」，覆蓋頭面的巾帕。

為劉三 [1] 畫《黃葉樓圖》

此是劉三讀書處，危樓一角秋無垠。
天涯有個悲愁客，也是江南黃葉村。

【注釋】

［1］劉三，即劉宗龢，詳見《附錄　蔡守與時人交遊考》。

友人索題《壯遊圖》

少小行蹤窮版宇，人間河嶽信無奇。
壯遊只欲凌霄漢，除卻遊仙匪所思。

八月十四夜望月

十年不見鄉關月，未到中秋意已深。
明夜陰晴卻難料，舊時哀樂漫相尋。

晦聞 [1] 以石印索刻「苕華」二字，口占答之

雄心竟向中年盡，影墮山林漫獨嗟。
縱詠蘼兮誰汝和，更憐君子賦苕華。

【注釋】

［1］晦聞，即黃節。詳見《附錄　蔡守與時人交遊考》。

寄鈍劍 [1]

我歸故國翻成客，拋卻妻兒竟獨居。
君作寓公殊不寂，梅花依舊繞精廬君有「萬樹梅花繞一廬」，今寓王逵之梅里。

【注釋】

［1］鈍劍，無考。

和雪婕 [1] 本事原韻十首

美人心事英雄淚，無限辛酸共一嗚。
誰313潯陽淒絕後，有人更感入雲箏。

青燈煮夢驚寒夜，低唱君詩益惘然。
綺障彌天誰懺卻，姑同歡喜話因緣。

法眼早知空世界，只無慧劍斷情絲。
阿難戒體休輕毀，細認摩登伽是誰。

最難銷受美人恩，怕惹郎愁黛劍顰。

早欲皈依摩詰去，如花爭不自繇[2]身。

憑肩燈下聽瓶笙，一縷茶煙斗室盈。
照見並頭杯茗裏，停杯無語不勝情。

伏枕含羞濡鳳筆，蠻箋索寫定情詩。
低頭攦帶叮嚀語，記取新歡濃盎時。

已教琴操皈禪悅，莫遣分飛若彩雲。
美眷如花年似水，春人珍重合歡裙。

似此佳人難再得，值君為渠斷吟魂。
遙知省夢詩成夜，不辨啼痕與墨痕。

我亦多情慕之子，無端綺夢逐春潮。
片時飛入秋津島，蹋碎櫻花過板橋。

底事相逢還避面，畫圖早已識卿卿。
漫嗔遊蹔來狂客，斜倚銀屏索弄箏。

【注釋】

［1］雪婕，無考。

［2］繇 yóu，通「由」。

黃晦聞[1]欲事蕃書，口占答之

問君底事事娵隅，我只因貧為所驅。
讀破蕃書三萬卷，益知文字莫吾如。

【注釋】

［1］黃晦聞，即黃節。詳見《附錄　蔡守與時人交遊考》。

送鄧爾雅[1]返里

滿地江湖歸是計，祖樽且盡一經程。
秋旗絓眼因風起，寒角銷魂挾雨聲。
吾黨已孤君更去，爾鄉非遠路難行。
重陽珠海還無恙，索共黃花載酒迎。

【注釋】

［1］鄧爾雅，詳見《附錄　蔡守與時人交遊考》。

十五夜望月

十年此夕頻為客，未抵鄉園明月多。
一日江湖人老大，千竿燈火夜嵯峨。
清輝對影渾如故，樂事關心轉易過。
莫遣閒愁落人世，卻憐消瘦到嫦娥。

答訒生［1］

籜兮誰和汝，月出倍思君。
鬼哭城根晚，風號木葉紛。
迷陽阻偕隱，異國悵離群。
行有揮戈客，安容日漸曛。

【注釋】

［1］訒生，即陳樹人。詳見《附錄　蔡守與時人交遊考》。

瓊州阻風柬琭君［1］

連日天愁絕，迷蒙萬象微。
水遙雲絮厚，雨重浪花肥。
海漾狂於醉，吾心惄似饑。
風波偏作祟，故故阻人歸。

【注釋】

［1］琭君，無考。

七夕

忽睹升平景，笙歌遍粵城。
天深霄漢遠，月淡斗牛明。
易觸流離感，還多兒女情。
愁人眠不穩，竟夕賣花聲。

元夜柬佩芳[1]新特

前宵成好夢，夜夜劇難忘。
佩韻因風想，芳心徹海量。
姮娥呼可降，后羿那辭忙。
只恐瓊樓遠，空教引領望。

【注釋】

[1] 佩芳，無考。

七月四夕和天梅[1]韻

氉毹年時洴澼世，推徘何處著狂生。
海紅複帳三星爛，雨屋深燈六玉明。
才信黃金作人語，微聞瑤草要龍耕。
楚庭花事休重問，記取銷魂第一聲。

【注釋】

[1] 天梅，即高旭，詳見《附錄　蔡守與時人交遊考》。

七月十四夕和天梅[1]韻

塵物填豗[2]安可祓，判宵還夢五銖輕。
美人解作櫻桃媚，寒士偏宜蘭蕙清。
媠枕低幃微有意，生香熟粉各深情。
墨西笑語憐少子，初斆吳歈嬌脆聲。

【注釋】

[1] 天梅，即高旭，詳見《附錄　蔡守與時人交遊考》。
[2] 豗，同「豗」。「豗」，撞擊。詞，豗擊，波濤相豗。

甲寅冬至，笛公[1]、竹韻[2]、鼎平[3]約蘿峰探梅，以疾不赴，漫成一首

閉閣回風長至日，坐憐一病負同遊。
些些樂事還乖願，娟娟幽香未與謀。
冥想雲和花作海，料量屐著徑如油。
蘿峰沖雨吾曾慣，為問寒梅解憶不。

【注釋】

［1］笛公，即尹爟，詳見《附錄　蔡守與時人交遊考》。

［2］竹韻，即程景宣，詳見《附錄　蔡守與時人交遊考》。

［3］鼎平，即黃履思，詳見《附錄　蔡守與時人交遊考》。

尹笛叟［1］折梅歸，分贈一枝，病中得此足慰無憀

萬花如海難消受，容抱孤芳共閉藏。
帶雨餘寒侵短襶，移燈疏影落匡床。
一枝端與吟身瘦，零蕊猶令病骨香。
鐺鼎椎排供煮藥，今宵瓶北足徜徉。

【注釋】

［1］尹笛叟，即尹爟。詳見《附錄　蔡守與時人交遊考》。

十一月十七日重遊蘿峰觀梅

照眼蘿峰今再過，香光浮動麗晴天。
梅花轉惜全開日，山色爭看異往年。
欲傍孤亭尋屐跡，卻愁蕊浪落吟邊。
一枝折取誰堪寄，林下低徊思渺然。

重過蘿峰寄黃晦聞［1］、馬小進［2］、李秦齋［3］都門

鄧尉病梅何足道，孤山無梅尤可哀。
那若此山三十里，卻看盈谷萬株梅。
林泉從古因人勝，花蕊逢晴滿意開。
回首舊遊皆北去，百無憀賴我重來。

【注釋】

［1］黃晦聞，即黃節，詳見《附錄　蔡守與時人交遊考》。

［2］馬小進，即馬駿聲，詳見《附錄　蔡守與時人交遊考》。

［3］李秦齋，無考。

蘿峰折梅歸，供漢永寧元年磚瓶，賦詩寵之

看遍千花折一枝，齋心清供故矜持。

十年孤抱冰霜著，數點芳心天地知。
瘦影脫塵疑畫裏，暗香凝夢入衾池。
江湖搖落風懷遜，伴讀還宜萼綠姿。

贈春兒集定庵句四首之一 [1]

燕蘭識字尚聰明，我亦當筵拜盛名。
撐住南東金粉氣，美人才調信縱橫。

【注釋】

[1] 與前《贈留春校書集定庵句六首》第一首重。

冬閨曉起，和倫靈飛鸞 [1] 元韻

一宵寒沁繡衾凌，起擁重裘尚未勝。
斜擁香篝添麝炭，驀看脂盞結紅冰。
罷梳移鏡茶初熟，呵筆題詩墨已凝。
侍女折梅喧笑語，滿園花樹玉層層。

【注釋】

[1] 倫靈飛鸞，即杜宴妻倫靈鸞。詳見《附錄　蔡守與時人交遊考》。

為鈍根 [1] 畫《紅薇感舊圖》題四絕句並序

乙卯（1915）七月十七夕，與槜李 [2] 陸四娘貴真湖上訪碑歸，同讀《紅薇感舊記》，頓憶乙巳（1905）秋著書獲戾，避地武林，柳意之殷勤。去年京華吟詠觸時忌，劉春之巧為護持，不勝哀感。遂挑燈走筆為製斯圖，並系四絕。

沖夜西湖雙棹返，紅門橋畔小紅樓。
枕邊共讀紅薇記，逋客風懷得似不。

十年斯地作亡人，柳意能教秋氣春。
同有美人恩未報，為圖今夜一愴神。

去歲京師歌五噫，不祥文字又干時。
春娘慧絕憐才甚，解使梁鴻姓運期。

圖成哀豔復荒涼，感舊憐新暗自傷。
敲斷瓊釵寒月墜，貴真還唱玉嬌娘。

【注釋】

［1］鈍根，即傅熊湘。詳見《附錄　蔡守與時人交遊考》。

［2］檇李，古地名，在今浙江省嘉興西南。

為天梅[1]題何蝯叟[2]手箚，箚有佳筆代精婢之語

東州草草箋三個，逸氣閒情照眼來。

我愧劄中精婢語，退毫安老禿只重臺婢之婢也。

【注釋】

［1］天梅，即高旭，詳見《附錄　蔡守與時人交遊考》。

［2］何蝯叟，即何紹基，詳見《附錄　蔡守與古人交流考》。

有寄

我有言司安上脫，芝芙何日草才拔。

堅汝心瓊者個心，者心未許他人奪。

乙卯（1915）九日南社諸子愚園雅集，遠莫能赴，遙寄一章

高會頻年雙十節，今秋為底作重陽。

勞勞四載都成夢，落落孤花未肯黃是日無菊。

聊仗登臨觀萬匯，好拚酩酊醉千場。

留連文酒寧非樂，國士投閒盡可傷。

香港重見雪麗青袁寒雲姬人

三年償別連宵晤，笑語如聞流水音。

知否梁園舊賓客，寒瓊孤抱入冬心。

姑蘇花草長安見，北地胭脂也遜紅。

不道侯門深似海，蓬萊清淺會相逢。

重見騷香子[1]，同乘琄蹋車遊小香港

海山影瞥重相見，一笑人天再世緣。

檢淚飽嘗蠟煮粥，不愁魔物又驚禪。

【注釋】

［1］騷香子，無考。

海素 [1]

海素重幃意自癡，初禪猶怯斷心時。
偷傳嫩約金如意，又寫風懷錦話私小屏也。

鬼雨無端空草濕，巫雲至竟野花知。
少陵黃四娘家句，鳳紙重吟暗記詩。

【注釋】

[1] 海素，無考。

夜深乘瑁蹋車納涼，馬小進 [1] 夢寄樓

奇肱飛輪赤柱峰，沖風過君樓外榕。
宵分重簾透燈色，燈下想像為花容謂金香玉。

【注釋】

[1] 馬小進，詳見《附錄　蔡守與時人交遊考》。

暗記三首，和天梅 [1] 韻

料無詩膽勝劉叉，強欲詩清多飲茶。
暗記詩成清未了，坡仙三朵忍之花。

一夕閒情說未休，破瓜人屬種瓜侯。
醉容豔並桃花色，還問青邱索酒不。

紫茸雲氣垂通體，偏要荀郎熨一周。
玉樹堅牢生豔想，柳宗元賦囚山囚。

【注釋】

[1] 天梅，即高旭。詳見《附錄　蔡守與時人交遊考》。

紫蘭臺 [1] 在香港

山塘閒水方鏡開，寒綠抽空犯雨來。
蜃氣弄姿爭島市，斬新 [2] 樓閣紫蘭臺。

【注釋】

[1] 紫蘭臺，香港地名，未知在何處。

[2] 斬新，嶄新，全新。唐杜甫《三絕句》之一，「楸樹馨香倚釣磯，斬新花蕊未

應飛。」

《碧江柳岸釣月圖》為陸丹林 [1] 題，劉今希 [2]、劉筱墅 [3] 二君亦有《釣月圖》

一竿一竿又一竿，三人釣月各高寒。
碧陰陰地碧江水，水底鉤承白玉盤。

【注釋】

[1] 陸丹林，詳見《附錄　蔡守與時人交遊考》。

[2] 劉今希，即劉澤湘，詳見《附錄　蔡守與時人交遊考》。

[3] 劉筱墅，即劉筠，詳見《附錄　蔡守與時人交遊考》。

題宋汪伯彥詩刻 [1]

姦臣歷代有書名《語石》列姦臣三則，所舉甚詳也，詎獨曹操平與蔡京。
又見刻詩汪伯彥，菊裳已逝倩誰評《語石》云，「汪伯彥無片刻流傳」。

【注釋】

[1] 汪伯彥，宋姦臣。其詩刻今不可究。詳見《附錄　蔡守與古人交遊考》。

香港遇李參軍澄宇 [1]

端知亂世思君子，去國欣遭李洞庭。
填海移山成慣見，蜃樓鮫淚漫嫌腥。
空疑絕島能逃劫，且看群峰妙疊屏。
萬頃琉璃燈影碎，春宵抱月未宜醒。

【注釋】

[1] 李參軍澄宇，即李澄宇，詳見《附錄　蔡守與時人交遊考》。

題高吹萬 [1]《傷臺錄》丙辰（1916）六九日

天寥一弓仮 [2] 生香，萬古人間欲斷腸。
世亂仁山有噫稿，《傷臺錄》又繼哀傷。

【注釋】

[1] 高吹萬，即高燮。著有《傷臺錄》等多種。詳見《附錄　蔡守與時人交遊考》。

[2] 弓，同「卷」。仮，同「返」。

丙辰（1916）九月十一日過石華山 [1]，口占一絕有記

按石華山一作石化，又名石人山。在今台山縣城東北五里。高百丈，週三里。山頂石簪亂插，夭斜不正。明正德間兵備王大用征羊公逕盜，刻「石化山」三字及詩。

山頭亂插千簪石，詭異夭斜似若人。
甘作乾兒從魏逆，東林安許巧容身。

【注釋】

[1] 石華山，坐落於廣東台山。因為石花山山峰上半部山石裸露，怪石玲瓏，下半部則綠樹成蔭，谷湧蔥綠，山含黛墨，遠望如綠蔭中盛開的花朵。1993 年，石花山被廣東省列為「南粵百景」之一。此山高僅 300 餘米，卻融奇、秀、幽於一山。2019 年，筆者出版了《廣東碑刻銘文集》（廣東高等教育出版社）對全省碑刻銘文作了全面調查。台山一屬現僅存摩崖石刻兩處，均非上文。

除夕菊花盛開

草木南方迴不同，菊花開向臘燈紅。
寒窗頓有金銀氣，安用昌黎賦送窮。

除夕訪許守白 [1] 於抗風軒，索摹殷虛書契字為丁巳（1917）年印

有客宣南沖臘 [2]，棲幽未覺歲崢嶸。
閒摹甲骨為年印，丁巳奇文俗士驚按龜甲文字，丁作「口」，凡「巳」皆作早。可釋商器款識，巳子、辛子、癸子、乙子之款也。

【注釋】

[1] 許守白，即許之衡，詳見《附錄　蔡守與時人交遊考》。

[2] 彶，同「返」。

己未（1919）三月晦，夜與伯孝 [1]、次陶 [2]、爾疋 [3] 珠江泛雨

狂燭偏宜接醉茵，花龍釧動一棲神。
深深海素同聽雨，南國春歸又耍銀。

【注釋】

[1] 伯孝，即胡熊鍔，詳見《附錄　蔡守與時人交遊考》。

[2] 次陶，即謝祖賢，詳見《附錄　蔡守與時人交遊考》。

[3] 爾疋，即鄧爾雅，詳見《附錄　蔡守與時人交遊考》。

丙寅（1926）人日與室人連句，為石禪[1]尚書七十六歲壽

又恨東風入點蒼守，氤氳喜氣自穰穰。
烏飛兔走春常在張，雲舊山高歲自長。
遙憶宗儒精健貌談，昔登充國上卿堂。
非關撰杖憑邛竹守，仙骨仙身本壽康張。

【注釋】

[1] 石禪，即趙藩，詳見《附錄　蔡守與時人交遊考》。

靈壁石[1]有序

靈壁石粵中固鮮，巨者益罕得。獨朱氏園中一拳，高二丈許，洵絕無僅有也。昔年曾偕寧子太一遊，與主人述公竟日摩挲，坐臥其下。嗣太一、述公相繼殉國。丙辰（1916）夏日，是石復毀於兵燹，不勝哀感。因圖之寄劉子約真[2]，並題一絕句。

驚聞靈石失嵯峨，人物皆亡眼欲波。
不盡山邱華屋意，百年哀思集坡陁。

【注釋】

[1] 靈壁石，中國四大觀賞石之一。隸屬於玉石類的變質岩，為隱晶岩石灰岩，產於安徽省靈壁縣漁溝鎮，靈壁奇石形成於八億多年前。宋人杜綰在《雲林石譜》中匯載石品116種，靈壁石位居首位。「靈壁一石天下奇，聲如青銅色如玉。」靈壁石不僅在於天賦其內在的靈氣和形態的神奇，而其質、形、色、紋皆有很高的藝術欣賞價值，作為觀賞石以外，還有很好的音響效果，可以製作中國的傳統敲打樂器「特磬」。

[2] 劉子約真，即劉謙，詳見《附錄　蔡守與時人交遊考》。

聞石圍塘劇戰，寄劉今希醴陵[1]

當年言笑俊遊地，此日兵戎劇戰場。
曩跡侵尋休入夢，血花飛遍石圍塘。

【注釋】

[1] 劉今希，詳見《附錄　蔡守與時人交遊考》。

香港索居

破銅爛鐵能為活，浮海乘桴可避秦。
今日才知都妄想，何年何處是安身。

丁卯（1927）人日為趙石禪 [1] 尚書壽七十七歲

高會耆英接巨賢宋元豐洛陽耆英會，尚書席汝言年七十七。詩曰，「老歸重到舊林泉」，又「不稱圖真接巨賢」，尚書歸到舊林泉。

開春喜報靈辰最楊維楨 [2] 詩「開春七日得喜報」，李商隱 [3] 詩「七日最靈辰」，丁卯新詩續集編。

松雪文章能壽世，竹汀金石自延年錢大昕 [4] 人日生。

清流已盡文光老，寧為鄉人累仔肩。

【注釋】

[1] 趙石禪，即趙藩，詳見《附錄　蔡守與時人交遊考》。
[2] 楊維楨，詳見《附錄　蔡守與古人交流考》。
[3] 李商隱，詳見《附錄　蔡守與古人交流考》。
[4] 錢大昕，詳見《附錄　蔡守與古人交流考》。

湖樓聽雨和靜存 [1] 韻

佛說橫陳爛漫宵，解參嚼蠟覺孤寥。
夭斜至竟輕蘇小，樸茂其如學鄭樵。
麥嶺摩厓書可拓，玉泉煮茗葉難燒。
湖樓聽雨吾都慣，遜汝高吟坐到朝。

【注釋】

[1] 靜存，即鄒靜存，詳見《附錄　蔡守與時人交遊考》。

題畫寄鈍安 [1]、王仙鎮

棚堆豆葉屋依松，想像岩棲有此風。
婀娜新篁非世物，玲瓏奇石見天工。
何堪亂世思君子，會向空山訪我公。
太室倘容分一席，今生應歎樂無窮。

相看久不厭，者屋何幽絕。

屋左石如漆，屋右石如雪。
屋後五粒松，濃陰亦清樾。
疏疏兩林竹，弄風有高節。
矮矮一豆棚，驕陽自然滅。

亂世端宜入亂山，亂山叢裏得閒閒。
豆棚瓜架好談鬼，白黑寧論人世間。

【注釋】

[1] 鈍安，即傅熊湘，詳見《附錄　蔡守與時人交遊考》。

北遊不果和靜存 [1] 韻

廢港幽憂未有涯，乘桴何處可浮家。
蜃樓風雨橫鮫淚，海市金銀入浪花。
乞米賈胡炊欲斷，典琴名士酒難賒。
迷陽堆眼嗟行路，漫笑佯狂號綴麻。

【注釋】

[1] 靜存，即鄒靜存，詳見《附錄　蔡守與時人交遊考》。

西園夜話和靜存 [1]

西園想像媚春宵，話雨圍爐未寂寥。
連句定能降島佛，為圖敢道學山樵。
新茶龍井娉婷煮，瘦筍雲岩室灑燒。
莫問北山文酒事，海濱蕉萃 [2] 過花朝。

【注釋】

[1] 靜存，即鄒靜存，詳見《附錄　蔡守與時人交遊考》。
[2] 蕉萃，同「憔悴」。

三月十一日和羅三 [1] 初度原韻二首

貞居昨日賦璚英，我解為圖芝數莖。
長者爇香新活計，故人饋藥古交情。
處方輔體自能壽，美意延年妙致 [2] 生。
才過清明春雨足，春生日喜媚初晴。

牙齒未疏頭未白，樂天卻遜汝風流。
今宵百盞寧辭醉，明日三巴好放舟。
避亂霜紅能活世，添香峨綠莫言愁。
桑田笑與麻姑買，海屋清娛歲月留。

【注釋】

［1］羅三，無考。

［2］敹yǎng，同「養」。

丁卯（1927）九月十三日南社仝人雅集於陶園即題胡少蘧［1］寫圖

廿年此會最孤零是日到者五人，潮打空樓海氣冥。
堆眼雲煙看世態，入懷風雨弔湘靈。
未修春禊補秋禊，只仗丹青寫渡青。
欲向蓬來問清淺，乘桴又怯浪花腥。

【注釋】

［1］胡少蘧，詳見《附錄　蔡守與時人交遊考》。

丁卯（1927）十月晦日留題赤雅樓［1］

近水璚樓得月先，坐看樓外海成田。
金銀氣索西湖瘦，翰墨緣深北道賢。
一樹榮枯同落盡謂潘某，七年夢影足留連。
烽煙故國歸無著，島市棲棲命苟全。

【注釋】

［1］赤雅樓，民國時人莫鶴鳴在香港開設的古玩店。莫鶴鳴是蔡守南社廣東分社的骨幹成員。1920年，蔡守自廣州來香港，協助莫鶴鳴打理赤雅樓生意並聯同何鄒幾、潘泉等組織赤雅社，切磋金石書畫文藝。

題亞子［1］《分湖舊隱圖》

十里分湖如在望，絕勝風景藕花天。
閉藏竹塢思專壑，遊釣苔溪憶往年竹塢、苔溪皆分湖勝地，見《湖隱外史》。
底事移家同郭老頻伽故居分湖，後移家魏塘，輸他流寓有朱顛朱南，人呼曰「朱顛」，見《湖隱外史》。

舊時月色猶能說楊廉夫《東維子集》云：「元松陵陸敬居分湖之北，壘石為山，樹梅成林。取姜白石詞語名其軒曰『舊時月色』」，金粟珠簾共惘然金粟、珠簾，妓名，見鐵厓《遊分湖記》。

【注釋】

[1] 亞子，即柳亞子，詳見《附錄　蔡守與時人交遊考》。

丁卯（1927）歲晏，聞晦聞 [1] 客都門將斷炊，以書易米，即用其丁未答詩原韻寄之

詩為活計古多貧，世亂時即莫怨嗔。
歲暮崢嶸添雅債，京華蕉萃獨斯人。
典衣猶憶謀千弖，易米難忘擁廿春。
稗販祖師髡更苦時余畫佛乞米，可無迴句慰吾辛孟郊詩「倚詩為活計，從古多無肥」，又「詩饑老不怨」。

【注釋】

[1] 晦聞，即黃節，詳見《附錄　蔡守與時人交遊考》。

丁卯（1927）十二月八日壽靜存 [1]，和沈仲克 [2] 韻

橫海南歸甫累旬，欣逢臘八祝長春。
坐尋勝事謀炰粥，況有詩人作賀賓。
禮佛皈依無量壽，談天惜取自由身。
數珠笑示顛師問，妙會先生初度辰見《指月錄》，詳寫於靜存詩刻末葉。

【注釋】

[1] 靜存，即鄒靜存，詳見《附錄　蔡守與時人交遊考》。

[2] 沈仲克，即沈文蔚，詳見《附錄　蔡守與時人交遊考》。

元旦與耿夫 [1]、孟哲 [2]、仲瑛 [3]、青海 [4]、麗雲 [5] 過妓家，復遊六榕寺，晚歸耿廬一醉，仍用菊韻

上日晴明難似此，還忻勝侶共徘徊。
人天空色知何礙，穠豔心情未遽灰。
卻惜妓家無美醲，翻從僧舍得朱梅。
耿廬初報屠蘇熟，隔歲先謀一醉來。

【注釋】

［1］耿夫，無考。

［2］孟哲，即李孟哲，詳見《附錄　蔡守與時人交遊考》。

［3］仲瑛，無考。

［4］青海，無考。

［5］麗雲，無考。

寒食不出

何期寒食寒如此，積雨泥途莫下廔。
冷節藏煙炊可斷，明朝插柳野能謀。
雲山飽看忘饑渴，詩句吟安廢寢求。
海市過從多不賤，未知誰肯與言愁。

清明寄廣州

分挈妻孥海裔居，清明最憶舊吟廬。
水窗插柳色愈好，雨夜試茶香有餘。
八口之家人兩地，十年去國墓荒墟。
今朝何物酬佳節，一榻雲山畫不如。

秋夜與番禺吳育臣道鎔[1]、汪憬吾兆鏞[2]、崔百越[3]、鄧爾疋[4]同觀高齋藏梁文忠[5]遺墨

賓朋宛在玉山堂，展卷今宵各黯傷。
一笑詩人無死法余乙巳（1905）上海著書被議，避地夏口。刊章到鄂，文忠笑曰詩人耳，事遂寢，孤忠種樹報先皇。
臨分病榻書珍重，遺句空亭感海桑。
亦有短函堆篋衍，名山何處共收藏。

【注釋】

［1］吳育臣，即吳道鎔，詳見《附錄　蔡守與時人交遊考》。

［2］汪憬吾，即汪兆鏞，詳見《附錄　蔡守與時人交遊考》。

［3］崔百越，即崔師貫，詳見《附錄　蔡守與時人交遊考》。

［4］鄧爾疋，即鄧爾雅，詳見《附錄　蔡守與時人交遊考》。

［5］梁文忠，即梁鼎芬，詳見《附錄　蔡守與時人交遊考》。

乙丑（1925）上巳雨中歸寓樓

百無聊賴思歸去，歸亦無聊卻若何。
堆眼雲山殘粉本，打樓風雨損松柯。
夫妻禊事餘茶盞，兒女嬌啼空餅籮。
千載蘭亭今日意，惱人天也不清和。

上巳雨中寄南社諸子

沖節裁書詢禊事，長沙此日竟如何。
陰晴萬里固難卜，勝負千場誰爛柯。
世味都知蠟煮粥，才名未抵飯盈籮。
秉蘭臨水能為句，佇看群賢繼永和。

北山臥病疊紀夢韻

夢裏事都心裏事，夢中人即意中人。
同心梔子無聊夜，夾境芙蓉強自春。
蘭桂分香花氣重，英娥灑淚竹斑韻[1]。
從癡有愛維摩病，病臥空山暗損神。

【注釋】

[1] 不韻且不通，疑有誤。

乙丑（1925）中秋與今嬰[1]海旁步月

盡日陰霾連夜雨，料量今夕月無光。
一年高會成陳跡，卅闋清詞各擅場。
淺醉閒行容跁跒，波平雪斂且徜徉。
君歸山館吾過海，相約明朝寄和章。

【注釋】

[1] 今嬰，即崔師貫，詳見《附錄　蔡守與時人交遊考》。

乙丑（1925）中元後一夕，與今嬰[1]、靜存[2]登北山樓玩月，用去年韻

開島百年無此劫，坐看滄海有橫流。
倒縣待解憑誰解，妄想真休未許休東坡句「此景眼前都妄想，幾人林下得真休」。

明日今宵都俗了今嬰語，騷壇易歲可尋不。

清尊亂世知難繼，猶得三人共倚樓。

【注釋】

［1］今嬰，即崔師貫，詳見《附錄　蔡守與時人交遊考》。

［2］鄒靜存，即鄒浚明，詳見《附錄　蔡守與時人交遊考》。

重九南社仝人北山雅集

紅香爐裏青年劫，絕島何從問長房。

亂世真難開笑口，深杯聊借護愁腸。

陵囂傳亮能為賦謂屯艮，輔體佩蘭空處方謂稚蘭。

猛憶去年秋禊事，清詞卅闋賀新郎。

九日寄靜存［1］

與君袒別近重陽，一席清風想馬當。

海市坐看成藥市，錢囊入節化萸囊。

不期亂世能高會，最憶詩人在異鄉。

松菊北山如有待，何時返棹共傾觴。

【注釋】

［1］靜存，即鄒浚明，詳見《附錄　蔡守與時人交遊考》。

和鄒靜存［1］乙丑（1925）臘八初度韻

抓背麻姑笑一鞭，仙家得此便遲年。

每逢臘八思為壽，倘到胥門與作緣程俱詩「胥門老蔡定凡仙，會有神人與作緣」。

畫舸藏嬌疑范蠡，儒林訓子媲鄒賢見《明史・儒林・鄒守益傳》。

難忘炰粥雲房日，梅吐寒香到碗邊。

【注釋】

［1］鄒靜存，即鄒浚明。詳見《附錄　蔡守與時人交遊考》。

乙丑（1925）十二月廿八日與室人連句，為嬰公［1］、亞蘭伉儷五十雙壽

宜修齋供慶迎新《內景經》「十二月廿八日宜修迎齋」。張，遙想門閭喜氣春談。

歲月歡娛原未老蔡，平生相敬況如賓張。
謝遷同日思前輩談，李委新聲祝誕辰蔡。
伉儷吉羊永如願張，相期五百比靈椿談。

【注釋】

［1］ 嬰公，即崔師貫。詳見《附錄　蔡守與時人交遊考》。

香島北山堂 [1]

連宵縈夢桂蘭渚，何日叨居蘭桂叢。
清夜奉君醇酒綠，禪衣伴宿小窗紅。
俯偷濃麝來溪榭，仰結輕袿上月宮。
好篆常生為外號，北堂東閣暗相通。

【注釋】

［1］ 北山堂，1924 年香港商人利希慎將私人花園利園山供莫鶴鳴、蔡守為首的香港文人雅集，改名北山堂。莫、蔡二人於是聯絡當時各個詩社，合組北山詩社，提倡詩詞文藝，回應徵詩者多達百餘人。為開埠近百年以來香港最大型的詩社。在 20 世紀 20 年代香港詩社分合的過程中具有極其重要的作用，以南社社友為骨幹，作品見載《南社湘集》。

和梁弢光 [1] 寄懷原韻

坐看枯松斷女蘿，更愁弱水絕洄波。
金銀海氣蜃樓滅，涕淚蛟綃珠串多。
空負才名一世耳，其如厚祿故人何。
聞聲偏有相思苦，我欲乘桴與子謌。

【注釋】

［1］ 梁弢光，無考。

挽潘蕙疇 [1] 即用其生日自述韻

不淑天胡弱吾黨，嶺南一夜隕明星。
我聞醫國經三折，帝遣奇文攝六丁。
忍聽殿屎民疾苦，卻嗟讖語血羶腥原詩「亂世文章帶血腥」。
楚詞哀悼歌千些，眾醉何年始喚醒。

【注釋】

［1］潘蕙疇，即潘文士。詳見《附錄　蔡守與時人交遊考》。

和葉敬常［1］寄懷原韻

和句千愁集筆端，貧真難諱各悲酸。
故人厚祿無聲問，亂世哀吟互寄看。
廢港只今猶毾㲪，微官從古屬清寒。
多君破悶能謀醉，苦我茶醒坐漏殘。

【注釋】

［1］葉敬常，詳見《附錄　蔡守與時人交遊考》。

題則鳴［1］小照，即和原韻

魯殿靈光仰鳳毛，豐頤廣額定年高。
風鬟問字千秋業，氣象明堂一柱蒿。
佳士相逢宜寫照，詩人離亂慣牢騷。
家聲自愧無仙骨，醜婦維堪癢背搔。

【注釋】

［1］則鳴，無考。

和黃君豪元蔚［1］辭官原韻

岩阿相慕女蘿枝，和汝行吟狂勝癡。
心死誰哀成亂稿，身輕同幸寫生危見《管子》。
書生活計黃山谷，酷吏爭排李日知。
我亦紅顏棄軒冕，春歸與鬥綠槍旗。

【注釋】

［1］黃元蔚，詳見《附錄　蔡守與時人交遊考》。

首春和冷觀［1］韻

醉呼紅袖寫烏絲，絕妙新詞試和之。
守藝早知公諷詠爾疋先有和作，無雙今又見英奇。
春生杯酒誰能已，冷抱梅花叵厚非。

一室掃除視天下，相看兒女此群嬉。

【注釋】

[1] 冷觀，無考。

又倒押原韻一首

拚將歲醆媚春嬉，愁老嗟卑總覺非。
亂稿編年仍紀舊，新詩和韻又爭奇。
千西事業聊相勖，並世人才共見之。
暗與麻姑買桑海，海濱偷活命如絲。

棲神 [1] 仍前韻

入春情緒繭初絲，抵死牽情自縛之。
歡夢蜜脾偏絕妙，橫陳蠟味了無奇。
是空是色都如是，非霧非花未盡非。
釧動棲神神欲王，錦茵為句莫籲嘻。

【注釋】

[1] 棲神，無考。

趙澄甫 [1] 從蜀歸滇，道出香港以蒙頂茶見贈

五出花開有聖楊，攜來瓣瓣比心香。
沃湯騎火緣利市，覆霧鳴雷蕊吉祥。
換骨遂令祛宿疾，研膏何止潤詩腸。
此君本具還童力，為壽相宜當酒觴。

【注釋】

[1] 趙澄甫，即趙宗瀚。詳見《附錄　蔡守與時人交遊考》。

和鄒靜存浚明 [1] 金陵春遊原韻

夕陽貫逆六朝來，刦後登臨第幾回。
瑲玉喜看緘赤櫝，車輪想像輾紅埃。
分明一首子山賦，可是三吳張翰杯。
各有白門懷舊意，悲秋未抵感春哀己酉（1909）與高吹萬天梅、周實丹遊金陵有

《白門悲秋集》之刻。

【注釋】

［1］鄒靜存，即鄒湲明，詳見《附錄　蔡守與時人交遊考》。

辛未（1931）十月廿七日與月色[1]重過蘿岡探梅

重來又鬲[1]十年來，不雨冬暘未盡開。

北道主人有孫子，南枝春色媚莓苔。

千秋香火天王像玉壘書院藏宋人天王像，為鍾氏千餘年供養者，萬匯溫馨姑射胎。

一樹梅花一腹稿，與卿收拾寫生才。

【注釋】

［1］月色，即談月色。詳見《附錄　蔡守與時人交遊考》。

［2］鬲，通「隔」。

鹿笙[1]挈眷避兵桂林，買宅五美塘

問舍求田原細事，避兵買宅便成家。

桂林山水甲天下，珠海干戈未有涯粵垣為兩鄙必爭之地，互相消長，兵戎無已。

亂世謀生能負戴鹿笙夫婦皆為教員，荒城投老足煙椵。

頓懷竹馬塘西路，火妹嬌啼奪草花戚畹夏氏居五美，余五六歲時臨存伊處，與其女火妹戲。

【注釋】

［1］鹿笙，即杜宴。詳見《附錄　蔡守與時人交遊考》。

得留春[1]手書集定庵句

初弦相見上弦別，青鳥銜來雙鯉魚。

粉光入墨墨光膩，繾綣依人慧有餘。

【注釋】

［1］留春，即春娘。

南越冢木[1]題字

木刻千春驚不朽，厲王墓石足堪倫。

佗城竟見西京字，莫歎南天金石貧。

【注釋】

[1] 南越冢木，筆者編撰之《廣東碑刻銘文集》記載 1916 年廣州出土南越古冢殘存「黃腸題湊」古木。上下四旁，有大木數十章，相湊密築。木長丈餘，廣尺餘，端有隸書刻字，其可辨者，計有甫五、甫六、甫七、甫八、甫九、甫十、甫十一、甫十二、甫十三、甫十四、甫十五、甫十六、甫十七、甫十八、甫廿，共十四章。蔡守得其「甫九」一件，後由其子蔡遊威捐獻給廣州博物館。

題陽嘉殘石 [1]

劉玉墓誌同化煙，石毀於今廿五年。
世間覆本知多少，慎汝買碑錢百千。

【注釋】

[1] 陽嘉殘石，清光緒初山東曲阜出土，曾歸海豐吳氏，今在南京。曾訛傳光緒十八年毀於火。隸書。東漢永和元年（136）刻。碑陽存十一行，行七至十字不等，共九十二字；碑陰存三列，上列五行，中列十二行，下列十一行，計八十五字。書法方拙勁挺。有重刻本，重刻本九「戊」字少刻右上一點。

題璧官 [1] 精拓蕭秀碑額 [2]

文亡額在認梁蕭，殘石朦朧字欲消。
買得璧兒精脫本，碑魂竟仗女郎招。

【注釋】

[1] 璧官，拓碑人，女。

[2] 蕭秀碑額，額拓高 0.49 米，寬 0.61 米，立於南朝梁天監十七年（518），出土於南京。釋文，太祖文皇帝之神道。題額四行八字。隸楷夾雜，橫畫與捺畫皆有雁尾，顯得豐肥酣拙，圓活厚重。

答雅蘭 [1] 丁巳（1917）

雨閣春燈暗不雄，鳳箋投句到瓶東。
寒吟深愧金閨彥，楮葉鐫成枉自工。

十載吟哦稍稍知，但開風氣不為師。
玉臺詩事真寥落，好約名姝共保持。

【注釋】

[1] 雅蘭，無考。

題沈南野《便佳簃雜錄》[1]

曾居芥子舊園中，便是前身李笠翁。
要使千西傳絕葉，狂臚文獻入晨風。

勝朝掌故有述作，博物多聞我不如。
老眼無花親手錄，兩般秋雨一般書。

【注釋】

[1]《便佳簃雜錄》，沈南野著。沈南野，詳見《附錄　蔡守與時人交遊考》。

鈍安[1]以詩四章囑畫，畫成並和原韻

高林呈萬綠，老橋橫一柳。
賦色師北宋，何有黃子久。
限詩能作圖，不負我畏友。

墨井入海後，解作穠陰樹。
峭幹爭叉牙，毫含畫竹怒。
謾笑師島夷，筆筆有來路。

蕭娗[2]東海瓚，逸品冠元晚。
色相本來空，江山喜平遠。
未敢著色者，不以三隅反。

焦筆作林枯，禿筆皴石冷。
山意欲沖寒，岸容逾覺靜。
何必滿紙墨，才算是冬景。

【注釋】

[1] 鈍安，即傅熊湘。詳見《附錄　蔡守與時人交遊考》。

[2] 娗，「婧」省簡。

拾浣花句作轆轤體懷琭君[1]

黃四娘家花滿蹊杜甫「江畔獨步尋花」句，最高枝與碧雲齊。

金猊煙篆餘魂嫋，密幄阿燈解醉袿。

侵尋曩跡未全迷，黃四娘家花滿蹊。
卻憶花間攜手出，小篷萊共醉金樽。

十年傾戀膠投漆，一旦分攜荼入蜜。
黃四娘家花滿蹊，重來花底知何日。

漢豔騷香寫赫曦，年年偷寄九重閨。
人間花事闌珊盡，黃四娘家花滿蹊。

【注釋】

[1] 琭君，無考。

讀《留痕記》[1]，分題四章答瘦坡 [2]

燕巧鶯嬌比秀卿，香山詩妓有楊瓊。
千春妙絕秦淮月，訪豔舟中分外明。

豔絕蕪湖周愛寶，風流蘊藉芳情好。
不謂侯門海樣深，重來江介蕭郎惱。

畢氏幽蘭與素娟，雙鬟問字憶吟邊。
十年不踏江陵路，姊妹花餘一朵妍。

月樣容華汪二姑，微渦利頰膩凝酥。
當年索寫湘蘭傳，遺箋人間覓得無。

【注釋】

[1]《留痕記》，似是方廷楷作，無考。

[2] 瘦坡，即方廷楷。詳見《附錄　蔡守與時人交遊考》。

畫梅和胡漢民 [1]、葉楚傖 [2] 贈詩原韻

寫枝初學賓虹師月，換得公卿幾首詩。
易書無軒償印債寒，賭茶俊物署壺癡。
者梅花作如是相月，滿肚皮都不合時。
冠蓋京華能念舊寒，可容載珮與君期月。

【注釋】

［1］胡漢民，詳見《附錄　蔡守與時人交遊考》。

［2］葉楚傖，詳見《附錄　蔡守與時人交遊考》。

拓韓瓶全形，補寫梅花

傳古能師達受師寒，韓瓶試拓小坪詩。
插梅我有紅蕉癖月，汲水誰如玉局癡。
想像騎驢湖上日寒，可曾載酒翠微時。
人間倘有清涼界月，塞向寧為李意期寒。

畫梅

鄭谷忻為一字師月，乞兒放膽賭梅詩。
巡簷去共索［1］花咲寒，縱筆都能祓墨癡。
著意圈圈圈未孜［2］月，喜神月月月明時。
羅浮同夢雙棲穩寒，合畫連吟白首期月。

【注釋】

［1］索suǒ，同「索」。

［2］孜，同「好」。

挽錢夫人［1］

遽殞金閨女畫師月，安仁淒絕悼亡詩。
餘音宛媲韓娥曲寒，熨體寧亡荀令癡。
仙去荷花正生日月，子垂槑樹欲凋時。
三年胥宇成終古寒，此恨綿綿無盡期月。

【注釋】

［1］錢夫人，無考。

題曹君［1］《風木圖》

久慕曹家老畫師月，喜聞有子葆遺詩。
敞［2］門讀易傳貞素寒，見《曹雲西傳》，亂世逃名媲大癡。
石苑風流高百代月，曹琇字石苑，見《虞山畫志》，秋厓續事冠當時曹岳字秋厓，見《曝書亭集》。

孝思不匱圖風木寒，抱憾終天無盡期月。

【注釋】

［1］曹君，無考。

［2］敳dù，同「杜」。

戲仿苦鐵［1］畫梅

十年偷學缶廬師月，跁踦畫題跁踦詩。
疏影暗香宜月色寒，江南嶺表兩楳癡。
心情一樣成孤賞月，手段寒閨愧並時。
攜去蓬萊益珍重寒，破荷聲價可相期月。

【注釋】

［1］苦鐵，即吳昌碩。詳見《附錄　蔡守與時人交遊考》。

壽鄧［1］

東海南溟督水師月，樓船橫槊賦新詩。
庸知慕道羅浮去寒，卻喜談玄泉石癡。
完白俊思治印語月，綸英美意詠花時。
為模鄧尉唐梅本寒，小壽千年與子期月。

【注釋】

［1］鄧，無考。

湊合殘匋

作器何從問瓦師月，波羅密經「瓦師作器知大小深淺」，宛如連句欲成詩。
抱殘守闕平生事寒，幢魄碑魂一例癡。
折足休嗟覆鼎後月，棲神冥想製陶時。
物形望古能遙集寒，寶我康瓠百代期月。

瀋陽王希哲［1］索寫梅

廿年地變天荒日月，兩個詩饑隸餓人。
亂世丹青忘漸老寒，寒閨負戴益相親。
畫梅乞米還多婺月，販鼠為家莫諱貧。

不道遼陽有高士寒，馳書索寫嶺南春月。

【注釋】

［1］王希哲，即王光烈。詳見《附錄　蔡守與時人交遊考》。

危城中得高吹萬［1］寄金

密雲不雨老其師月，懶賦從軍苦樂詩。
脫有桃源難餓隱寒，端教竹屋笑狂癡。
寒齋空抱三長物月，亂世偏逢五短時。
兵饋多君千里寄寒，畫心可與太平期月。

【注釋】

［1］高吹萬，即高燮。詳見《附錄　蔡守與時人交遊考》。

又華隱［1］黃山寄筍索梅

投我黃山筍，報君庾嶺梅。
筍以致郵速，梅尚信筆催寒。
筍含清味足，梅惹暗香來。
山家相投贈，況介賓虹媒月。
從此結墨緣，千里同岑落。
我好些子景，欲乞松子栽寒。
敀［2］亦嗜茗飲，更求瑞草魁。
幸勿嗤我貪，詋［3］書抵瓊瑰月。

【注釋】

［1］華隱，無考。

［2］敀，同「婦」。

［3］詋，同「詩」。

丙子（1936）六月，廣州危城中與月色讀松海吟片，即題卷尾

丙子赤帝媚祝融，廣州危城夜傳烽。市民走避勢洶洶，冒廣生［1］溫廷敬［2］二子去匆匆。牛衣哭對何適從，朋儕聞戒神遙通。千里兵瞶聾，鐵蹄聲裏來郵筒。入眼欣喜識題封，知是騰沖李印公。吟片一束詩興濃，邀卿共讀破愁容。姑蘇勝境聞穹窿，白衣宰相小隆中。年年手種廿萬松，坐看松樹都成龍。翠靈

海氣鬱青蔥，何時同去聽松風。枕濤會與吾師逢馬師相伯題「枕濤」摩厓，故人有子稱奇峰謂章大可。怪石皴法畫可宗，梨雲澗想月溶溶。玉遮山名萬玉香雪叢，寫梅寫石並爭工。潤色湖山有事功，乞分一犀[3]結喜篷。錄愚夫婦為山傭，亂世負戴卿與儂。苟全性命樂無窮，請書此報曲石翁。

【注釋】

[1] 冒廣生，詳見《附錄　蔡守與時人交遊考》。

[2] 溫廷敬，即溫丹銘。詳見《附錄　蔡守與時人交遊考》。

[3] 犀yáo，座也。

題張二喬[1]小像

結言弔古並魚軒，買夏雙雙出郜[2]門。

續寫蓮香殘本足借潘致中[3]、汪憬吾[4]、黃慈博[5]藏三缺弓，方抄成足本，重尋梅坳仄斷碑昏釋大訢蔣山詩：「弔古斷碑昏」。

花栽元友姓同署《蓮香集·山中捐植記》有蔡元友，年刻弘光字半存弘光金石廑此一碑，陸游詩：「斷碑零落苔俱遍，滿壁微茫字半存」。

搔首人天五癸酉二喬逝於崇禎癸酉，至今適三百年也，妝臺石上有餘溫墓前有妝臺石。

【注釋】

[1] 張二喬，即張喬。詳見《附錄　蔡守與古人交流考》。

[2] 郜，同「郭」。

[3] 潘致中，即潘和。詳見《附錄　蔡守與時人交遊考》。

[4] 汪憬吾，即汪兆鏞。詳見《附錄　蔡守與時人交遊考》。

[5] 黃慈博，即黃佛頤。詳見《附錄　蔡守與時人交遊考》。

漢畫像曲專

寶鼎精舍拓奇磚，柳七和尚藏有年。

凸磚向未見著錄，自我題之千世傳。

丘瀣山[1]、蘇碩人[2]用劉監察[3]去年壽余詩原韻並倡和數疊寄示，亦依其韻報之

丘先生與蘇先生，十首詩先十日成。

亂世文人多壯語，騷壇健將有奇兵。

與花同壽詞爭豔，因韻生情筆勸耕。

京口碩人在鎮江淳溪澥山在高淳相倡和，吟箭逐逐入臺城。

【注釋】

［1］丘澥山，無考。

［2］蘇碩人，即蘇潤寬。詳見《附錄　蔡守與時人交遊考》。

［3］劉監察，無考。

秋夜

又濕羅襟舊酒痕，淚痕坐弔國殤魂周實［1］烈士。

兩開叢菊展重九，再把茱萸入白門。

短燭夜遊文酒樂，故人秋塞羽書煩。

明朝莫負看楓約何遂［2］召棲霞山觀楓，得句先酬黃葉邨。

【注釋】

［1］周實，詳見《附錄　蔡守與時人交遊考》。

［2］何遂，詳見《附錄　蔡守與時人交遊考》。

九日丙子

廿七年來人事長庚戌九日與高燮、姚光等同遊白門，白門重入又重陽。清遊後約題糕郎，登高有禁休徬徨。莫愁湖上足徜徉，萸囊不繫繫詩囊。既抱詩饑誰敢殃，無災何必問長房。只搜回句答璩瑒謂闞吉甫、穎人昆仲，湖山無恙更荒涼。枯荷蕭瑟亂菰蔣，曼殊粉本在巾箱行篋攜有曼殊畫冊真蹟。畫中囊跡何茫茫黃節題曼殊畫冊詩「剩欲畫中尋囊跡」，妙人金鳳秦淮倡曼殊畫識，乙巳與季平行腳秣陵，金鳳出素絹索畫，未成而金鳳他適。及後泥湘水作此寄之。寧使殷洪喬投向石頭城下耳。紅樓素畫拂縑緗于右任題曼殊畫冊詩「世人莫評曼殊畫，大徹大悟復如癡。秋風秋雨江南夜，記得紅樓入定時」，繩侯存否申叔亡曼殊畫識「懷寧鄧子繩侯為石如先生賢曾孫也，究心經學，不求聞達。丙午衲至皖江，遂獲訂交。昕夕過從，歡聚彌月。亡何衲之滬月餘，申叔來出繩侯贈衲詩。詩曰『寥落枯禪一紙書，欹斜淡墨渺愁餘。酒家三日秦淮景，何處滄波問曼殊。』忽忽又半載，積愫累悕，云胡不感，畫此寄似」。又畫識「丙午重過莫愁湖，畫寄申叔守」。案劉師培逝世已久，未知鄧子尚在人間世否。臺城剩見劉三狂曼殊畫識「癸卯與季平登雞鳴寺觀臺城、後湖，百感交集。畫示季平」，危樓一角媚垂楊楊柳中露曾公閣一角，禺生與月色倚樓造像。月色造像寄荷鄉謝觀蓮夫人同來白門，先返廣州，同來未共泛湖航。底事珠江返櫂忙，辜負江南雲物良。酒家更有馬家娘馬祥興為有明以來之酒家，美人刳肝雖不祥馬氏廚娘善炒鴨胰，咸稱為炒美人肝。張默君惡其名不祥。燔牛肚領脆美腳余夫婦最喜其炒牛肚領，未遜石氏鮰魚湯蘇州木瀆石氏酒家因于右任詩以鮰魚湯稱，余夫婦遊靈巖曾嘗之。陶然淺醉思旗槍，第二泉冽茶氣芳。雨花石子盈千筐，補觀石錄抵琳琅，薄莫回車過碧隍。于葉二公名菊觴，南社俊傑聚一堂是日佳賓張溥泉繼、鄧孟碩家彥、馬君武和、馮自由懋龍、居覺先正、戴季陶傳賢、李協和烈鈞、呂天民志伊、吳瞿安梅、靳仲雲志、張默君昭漢、邵翼如元沖、許公武崇灝、汪旭初東、于範亭洪起、劉禺生成禺、林一厰百舉、劉季平三、狄君武膺、王陸一皆南社社友。得志相思賢者昌，布衣上座莫敢當余夫婦忝列首座，故用韓忠獻重陽宴蘇明允事。嘉肴旨酒樂未央，冰盤更晉哈密瓤席上出哈密瓜，乃飛機從新疆寄來者。甘沁齒頰如瓊漿，今宵高會毋相忘。共勉黃花晚節香即席于右任書「黃花晚節香」五大字，同人咸署名於其上，一筵未散一筵張。五人又去浣花莊吳瞿安、靳仲雲、呂天民與余夫婦，主持壇坫闢穎人戴亮吉王惕山。各鐫國表大文章國學會青溪社皆有刊集，請恕不佞言荒唐。文人部落莫分疆，休爭北勝與南強。詩壇黠將統一綱，要如復社會吳閶。眾皆曰善謂我臧，教余夫婦喜非常。任它調侃老鴛鴦，相扶爛醉歸臥床。昔遊回溯九迴腸，傾城猶作嫁時妝。拔釵為我治遊裝，召要同入少年場當日周實、高燮、高旭、姚光等皆年少。愛國先明夷夏防當年同遊皆同盟會同志，孝陵同謁盛激昂，陵瓦造硯共珍藏。庾辭制銘心暗傷，悲秋一卷微而彰。檢淚為圖補清湘，傾城扶病與商量。於今孫子已成行，囑我來斯弔國殤謂周實丹烈士。剪紙招魂明瓦廊當日周烈士寓此，天梅高地蘭史潘飛聲黃景棠韶平。訪舊半已歸蒿邙，樸庵胡韞玉亞子柳棄疾沈珠薌還浦。寥落朋儕各一方，一日之跡有滄桑。後之視今寧勿蘉，明年此日皆健康。再招高燮與姚光，登高連句賡柏梁。

和龔定庵[1]《寒月吟》原韻五首有序

《寒月吟》者，龔子與其婦何歲莫共幽憂之所作，相喻以所懷，相勖以所尚，鬱而能暢者也。余與月色賃廡白下，取其意榜曰「寒月行窠」。歲晚更依其韻為詩，未知可暢其鬱否耳。

饑驅上京華，相隨有月色。金陵鬻瘦金，白門見雪白。香港宛故鄉，廣州又稅宅。長安居不易，賃廡淮海路。稍慕莫愁居橫波與芝麓在秣陵，榜所居曰「莫愁」，見橫蘭署款，頗羨袁枚墓。新都問禁令，空山論掌故。門停長者車林亭句，依然抱寒素。同寫鴛鴦梅，老卻連理樹。寧作江南句，嶺南莫歸去陳樹人語我。

嶺南歸未得，時見雲藍濕。乞米鑿山骨，倦時一休歇。底事歎勞辛，只恨何博識。我帝壺中天，汝王梅花國。今日汝初度，蔺翁貽俊物。師贈擘窠書，九八視腕力。霜厓妙曲成，語意多新別。袖笛為汝歌，頓生春一室。一室能為春，蘇我蕉萃人。景光可留連，老去如奔輪。莫嗟卑愁老，行喜白頭新。

龔遇霓簫年，喜得法喜妻。倡隨十八載，朋知頌女希。戴佩未嘗喜，負戴未嘗悲。牛衣自有樂，難語世人知。幸毋使人知，知之替漣洏。寺背拾殘瓦，梅坳訪古碑。故鄉已好事，今又到天涯。往事吾能說，來者或可追。但求精一藝，留贈後人思。

一房一聽事，恰可容二人。灑掃我勝任，杵臼汝躬親。小隱亦偕隱，清貧不諱貧。癡愛菩薩病，從今莫作因。舉國阿修羅，難為太平民。世事無不假，詩境獨求真。典愛六朝雅，情如唐宋淳。信口會歌之，倦眼用遮之。投贈偶和之，法偈亦說之。成句便讀之，無韻則嘩之。自造自家詩，是耶或非耶。我技固雕蟲，汝才非詠雪。被稱智慧人，文殊同生日。

世味已透嘗，都是蠔煮粥。性命得苟全，萬事須知足。清供雙叵羅，臘梅妃天竺。雖然食有肉，安可居無竹。借瑣而耗奇，吾生善寄託。梅影常四壁，茶煙時一屋。浮綠不可唾，晴曦自如沐。雙清清未了，清絕怕蕭肅。莫語入槐柯，幽夢可遲覺。

【注釋】

［1］龔定庵，即龔自珍。詳見《附錄　蔡守與古人交流考》。

《節軒圖》，唐季申、劉季張伉儷［1］囑余夫婦合畫並連句題之

老友太炎［2］學不倦，晚年講學來吳縣寒。
唐劉伉儷同受經，節軒篆贈金閶彥月。
今歲經師歸道山，我過錦帆濕弔唁寒。
松海吟和湯夫人，詎知靈席才拜見月。
語余白下眾門人，申也張也皆英選寒。
重陽高會喜相逢，鄭重囑圖志依戀月。
它年偕隱築岩棲，終身誓共讀左傳寒。
愧余夫婦未治經，同繪斯圖多健羡月。

【注釋】

[1] 唐季申、劉季張伉儷，即唐祖培伉儷。詳見《附錄　蔡守與時人交遊考》。

[2] 太炎，即章太炎。詳見《附錄　蔡守與時人交遊考》。

東坡先生後第十五丙子（1936），青溪詩社同人於誕日公祝，阻雪未與，分得電字

祝公歲歲開嘉宴，《壽蘇續集》狂臚選李子虎刊有《壽蘇集》，石禪囑搜集海內朋知佳作續之。今來白下思繼飛椵閣孫衣言薛時雨在金陵，每歲集名流於冶城山飛霞閣為公作生日賦詩，那料山妻病後阻雨霰。不然此日借山樓，定有豪篇來督戰借用公句。公應笑我貧甚如，呂倚枯腸況乏五千卷東坡「呂倚貧甚詩，枯腸五千卷」。曾入朱耶不遇春夢婆余嘗領海疆軍入瓊崖，即飲曹溪未洗綺語硯曾與石禪在南華寺蘇程庵為公作生日，公南華寺詩「洗我綺語硯」。唯有嗜茶模寫石銚圖余曾摹尤水村《石銚圖》卷，亦欲買田去陽羨羨從次音，夷當入支韻。但古人詩詞多誤為羨作去聲，霰韻。今從俗。發願仿造千萬銚，銚銚貌取先生面。昨得張子惠州書，又索我題亭榜曰「如電」惠州薦紳張友仁重修朝雲墓，建亭六，囑書「如電」一榜。

紀夢

未遊其地相思地，未見其人久慕人。
燕喜亭中偷燕喜，陽春樓媚上陽春。
蘭胸著粉瓊枝壓韓偓句「粉著蘭胸雪壓梅」，桂穴生香玉杵勻方岳句「桂穴鋤雲種一枝」。
鬢影春風吹入夢，神交真個可通神。

山居好四闋，用宋山隱道士龔大明 [1] 勻，七月十七日挈儁李 [2] 陸四娘貴真 [3] 登鳳篁巔 [4] 作

山居好，山居好，非我佳人莫能曉。
運期易姓曜更名，裘褐孟光可偕老。

山居好，山居好，一個茅亭水雲繞。
谷飲丘棲卅餘年，怪石奇葩皆足寶。

山居好，山居好，鑿險縋幽苦探討。
寒林戢影抱孤芳，雲竇憑肩聽奇鳥。

山居好，山居好，空谷佳人蓺香草。
布衣椎髻脫塵妝，絕色天成眉不掃。

【注釋】

［1］龔大明，詳見《附錄　蔡守與古人交流考》。

［2］檇李，又名醉李，汁多，味甘甜濃香，浙江桐鄉特產，有2500年栽培歷史。蔡守此處代指陸四娘籍貫。

［3］陸四娘，名陸貴真，善書。柳亞子、蔡哲夫等題《楊興、楊惠勝造像拓片》題跋有「檇李女史陸貴真書於武林城紅門橋客舍」。蔡守家傳尚有「陸貴真」朱文長條印一枚，餘無考。

［4］鳳篁巔，在杭州西湖。《西湖新志》卷二，「龍井在鳳篁嶺巔……。清乾隆二十六年（1761），興復古蹟，堂軒泉石，煥然鼎新。明年高宗臨幸，題前堂額曰『篁嶺卷阿』。」

紅棉歌

右錄丙子（1936）春立山召看紅棉作歌寄陳石遺［1］，而陳子歗湖［2］、王子愓山［3］皆有和作

一春腰腳病未痊，市廛蟄伏同鶩鸁。鶴亭日昨高軒過，示我皓象粵山阿。市花樹樹花開多，冒古二老相婆娑。花光綴赤映鬢皤，嗟餘衰憊如鱉跛。看花心事亦蹉跎。立山將軍林大哥，驅車召我上鞠坡。珊瑚百尺交枝柯，烘氤顏色天為酡。想像當為老夫佗，龍囊氣勢不可磨。南強［4］有此紅嵯峨，大北勝鄙牡丹窠。呼鑾道上舞傞傞，將軍眼福受福郙。去年石遺來徲柰花何，結言今歲重來茲又訛，火速寄與紅棉歌。

【注釋】

［1］陳石遺，即陳衍。詳見《附錄　蔡守與時人交遊考》。

［2］陳子歗湖，即陳歗湖。詳見《附錄　蔡守與時人交遊考》。

［3］王子愓山，即王燦。詳見《附錄　蔡守與時人交遊考》。

［4］強 jiang，用同「疆」，疆土。

臘八逢大寒

臘八逢大寒，山妻病不餐。同食七寶粥，溫飽笑言歡。沖泥訪賓虹，出示畫福觀。老阜左筆拙，古色賦斕媥。歸來黑陽雲，冷雨打破冠。誰家細腰鼓，

逐疫蘄平安。誰家合臘藥，我願乞一丸。遮莫山妻病，客貧歲又殘。

十二月廿三日題寫梅，為劉三壽

今歲我初度，遙寄兩章詩。謂徲[1]送灶日，珠江去索詞。無端上京華，晤言寔可知。歲聿忽雲暮，雨雪猶追隨。明日送君歸，壽君梅一枝。梅壽一千年王仲瞿[2]句「梅花小壽一千年」，仲瞿有妙思，甜心羹潤筆。亦似李之儀李之儀[3]跋《古柏行》後「政和元年十二月二十二日積雪初霽，希韓往循，攜茶相期於天寧圓若慮首座之天竺軒。希韓出此紙見邀作字，輒以是應之。既終，二君又作山藥、芋頭、蘿蔔晚崧，號甜心羹，為潤筆」。真一段佳事。

【注釋】

[1] 徲，同「遲」。

[2] 王仲瞿，即王曇。詳見《附錄　蔡守與古人交流考》。

[3] 李之儀，詳見《附錄　蔡守與古人交流考》。

壺帝

老夫發弘願，願為千萬壺。竊取壺帝號，亦聊以自娛。治壺如治兵，我善用陰符。方者受命璽，圓者照乘珠。壺中有功業，與人間世殊。壺中日月長，民壽而色愉。九甸陽羨田，九鼎蜀山爐。遍封不睡侯，黔首皆詩腴。更得賢后妃，月色供春姝。制度出宮闈，高華爭仿摹。乾坤雙洞王，輔朕成霸圖。盛世比陶唐，壺帝良非迂。

暗記

船糊朝報字麻茶，夜泊秦淮近酒家。

六十老夫禪力定，嫓躬遍撫摩登伽。

題李橘叟[1]《獨樹支橋圖》

一木竟能支大廈，可挽頹垣共頤瓦。獨樹亦可架危橋，奔騰衝動泉飛瀉，聲勢浩大如萬馬。撐持竟恃此枯朽，任渠狂推在其下。鄉邦橘叟老畫者，是圖深意知者寡。寡知吾為之哀也，哀之不已玩不捨。吾欲無言弗能啞，把訶吟成書把訶。

【注釋】

[1] 李橘叟，詳見《附錄　蔡守與時人交遊考》。

又一首

春水漲溪山，春風亂楊柳。柳下有茨茅，誰家之戶牖。點墨淡如金，莫使濃如酒。丘壑裁自心，神態懸諸肘。作畫在意遠，意遠即名手。貢此野人言，還以質橘叟。

有何不可四闋，用宋月溪道士貝守一[1]匀[2]，見《洞霄詩集》卷七

抱樓鴛浪層層，夾鏡螺峰朵朵。看雲看水看花，恁地有何不可。

一篇風飽閒眠，高閣月明靜坐。觀書觀畫觀碑，恁地有何不可。

築閒砥寶藏嬌，結個茅亭著我。有泉有石有林，恁地有何不可。

遠浦晚霞紅鎖，隔江煙濕漁火。宜陰宜雨宜晴，恁地有何不可。

【注釋】

[1] 貝守一，詳見《附錄　蔡守與古人交流考》。

[2] 匀、同「韻」。

諟齋[1]、橘叟[2]召我采石磯看杏花，詩以代柬

燕子磯，采石磯，杏花兩地皆芳菲。
支道兩地皆依依，徐川人區長周潔生鎮長召我魚正肥。
張李告我花將飛，捨近求遠計恐非。
且去食魚療詩饑，諟齋、橘叟毋我譏。
杖頭錢盡心事違，但祝清明花未稀，買舟姑款叩仙扉。

【注釋】

[1] 諟齋，即張景遜，詳見《附錄　蔡守與時人交遊考》。

[2] 橘叟，即李橘叟，詳見《附錄　蔡守與時人交遊考》。

寧大一[1]墓舍成，與月色寫梅石寄之

如君死事亦堪哀，廿載方聞有墓臺。
醜怪石容語雄鬼，崢嶸歲暮寫寒梅。
丈夫一瞑何曾願，老樹餘花多未開。
雪夜為圖酬宿諾，竟成掛劍夢中來。

【注釋】

[1] 寧大一，即寧調元。詳見《附錄　蔡守與時人交遊考》。

壽蔡蔚挺 [1] 六十

我占南華稱木王余訪得南越木刻，李洞庭贈詩云「西京片木已名鑒，宋木南華寺作光。第一品居金石外，木孫合副木王章」，磚王讓爾霸南昌。君年六十我五九，木壽能如磚壽長。

【注釋】

[1] 蔡蔚挺，即蔡敬襄，詳見《附錄　蔡守與時人交遊考》。

和雪蕉 [1] 秋窗，用月色原韻

寒月橫窗千里秋，兩京秋氣襲鴛儔。
相思薊北同床夢，一賦江南亙古愁。
隔歲驚魂餘悸怖，殘年震耳動嗚啾。
夜深長歎知誰問，莫對牛衣歌飯牛。

【注釋】

[1] 雪蕉，即王蘊章，詳見《附錄　蔡守與時人交遊考》。

和琴風夫人《梅花香裏兩詩人》圖卷題句原勻

壽陽豔絕絕纖塵寒，同是幾生修到身。
香國乞君分一席月，超山何日結仙鄰。
言司安脫芝芙拔寒，夫婦羅浮氣味親屈翁山句「羅浮若夫婦」。
守歲有人梅樣好月，年年相醉十分春寒。

丙子（1936）十二月十三日劉三初度，是日立春

送君歸滬濱，壽君一枝春。
今日君初度，宜春帖正新。
青圭禮東方，玉簡記仙人季平好古玉。
湯餅具春餅，醉題三素雲。
洞庭春色好，今夕樂無垠。

丙子（1936）大雪，雪中髡寒[1]說偈曰

不知天地有塵埃，同向無遮會上回。
爛漫横陳臘煮粥，人間世味透嘗來。

【注釋】

［1］髡寒，蔡守有號曰「髡寒」。

題歲朝圖

調脂戲寫歲朝圖，供向清齋對茗爐。
未解淺斟低唱事，周妻何肉作浮屠。

頃波以詩羊膏易《梅花如意圖》，即奉和原韻

乞米投肴願太奢，雪梅肥了玉牙叉。
羊膏换得無佳釀，索笑巡簷望酒家。

黄木棉和江太史霞公[1]原韻

自娱帝號亦堂堂，有此威儀左纛黄。
寄語珠江江太史，夏茅邨易木棉莊。

黄花岡合葬英雄，十丈黄花更不同。
至竟二樵才力薄，紅棉碧嶂以為工。

赤禍今猶在眼中，怕看千樹生春紅。
市花已得中原氣，莫把吳棉笑廣東。

黄蘗禪師錄語真，黄金時代石城春。
揭來蕉萃京華客，休作長沙論過秦。

相扶相挈上三臺是日與月色遊燕子磯三臺洞，洞外江山倦眼開。
繞郭鵝黄新柳色，木棉飛盡未歸來。

【注釋】

［1］江太史霞公，即江孔殷。詳見《附錄　蔡守與時人交遊考》。

月色廚下煎魚，有人督書聯，寫罷而魚已枯，不能食矣，口占一首

長安乞米瘦金書，促迫何堪急急如。

放下煎魚來拾筆，書成已歎食無魚。

楓橋丁丑（1937）清明

楓橋直貫鐵鈴關東吳三關之一，兩水橋橫夾鏡寒。

牛馬婦人都造過，荊公奇語和寒山王荊公寒山詩「我曾造馬牛，見草就歡喜。亦曾造婦人，歡喜見男子」。

方瘦坡索題《香痕奩影集》[1]

玉臺辭賦閒看遍，招錄慚無百個箋。

更有人間香豔史，交歡賦與悅容編。

【注釋】

[1]《香痕奩影集》，方瘦坡作。方瘦坡，詳見《附錄　蔡守與時人交遊考》。

夢蝶莊春日雅集和玉坡韻

吾愛莊夫子，蓬壺第一流。

吟窗明扇水，仙蘂挹浮丘。

高會雲中客，閒情海上鷗。

夢能忘蝶我，福慧已雙修。

五月初三日遊資福寺寄爾疋

犯雨沖泥禮塔來，碑魂幢魄重低徊。

剩愁海雪依雲彈，未得摩挲綠綺臺爾疋正藏鄺露之綠綺臺，乃唐琴也。

題鄧完白書[1]並記

頑伯[1]以行書為最佳，而隸書麼學宋人褒斜擘窠一記，余已得其秘矣。丁丑驚蟄節，陳君斠玄[2]教授召飲清揮山館，與黃賓虹[3]、鄭曼青[4]、黃君璧[5]、許士麒[6]、楊縵華[7]伉儷同觀。

一代書崇鄧布衣，楷行篆隸總能揮。

但慣行書學不似，只餘餓隸尚依稀。

完白何曾學兩京，晏袤[8]一記足成名。

自憐卅載偷模得，豎筆能提橫筆平。

【注釋】

［1］鄧完白、頑伯，即鄧石如。詳見《附錄　蔡守與古人交流考》。

［2］陳君斠玄，即陳中凡。詳見《附錄　蔡守與時人交遊考》。

［3］黃賓虹，詳見《附錄　蔡守與時人交遊考》。

［4］鄭曼青，詳見《附錄　蔡守與時人交遊考》。

［5］黃君璧，詳見《附錄　蔡守與時人交遊考》。

［6］許士騏，畫家。詳見《附錄　蔡守與時人交遊考》。

［7］楊縵華，詳見《附錄　蔡守與時人交遊考》。

［8］晏袤，詳見《附錄　蔡守與古人交流考》。

丘荷公［1］和劉三［2］韻寄贈詩四首，疊韻報之

蓮花世界兩人生，君子花中獨老成。
四首新詩何慷慨，連年此日動戈兵去年是時正粵中大亂。
故鄉同歎難歸去，無地能容共耦耕。
為愛北湖花爛漫，未妨餓死在臺城。

【注釋】

［1］丘荷公，即丘復。詳見《附錄　蔡守與時人交遊考》。

［2］劉三，詳見《附錄　蔡守與時人交遊考》。

丁丑（1937）六月二十四日，余五十九歲生朝，預為後湖觀荷之約。旋因時難，急迫作罷。午後唐季申［1］、劉季張［2］、李千里［3］、趙錦榮［4］仍以為及時行樂，邀遊後湖，疊前韻

觀蓮歲歲祝吾生，有約清遊事竟成。
斯地尚能看菡萏，今朝幸未見戈兵龔半千石頭城句「到今猶幸未戈兵」。
倘容湖舫浮家宅，且畫梅花作種耕又半千與顧與治句云「梅花自耕種」。
如此荷鄉可終老，殘年偕隱石頭城。

【注釋】

［1］唐季申，即唐祖培。詳見《附錄　蔡守與時人交遊考》。

［2］劉季張，無考。

［3］李千里，無考。

［4］趙錦榮，裱畫匠。

六月二十五日邀唐、劉伉儷遊莫愁湖，觀荷清話，薄暮過清涼山，登掃葉樓，再疊前韻

流連光景惜餘生，排日為歡亦頓成。
吾輩蓮心同喻苦，人天藕孔未收兵。
山深知有千秋業，世亂難謀半畝耕龔半千半畝園。
一室掃除視天下，倚樓無語瞰江城。

六月二十七日狂風暴雨，與趙俵背錦榮出南郊覓避亂之所中華門外高輦柏村屬鳳臺鄉，土名花神廟，疑是古長干里。趙氏親串姓石，住十七號，疊前韻

長干或許我逃生，破屋欣於新落成。
沖雨車輪愁脫轂，□[1]風草木亦皆兵。
蔬畦此日能充飽，花樹平時足樂耕村民皆栽花為活計。
金石錄看清照跋，不堪淒絕語傾城。

【注釋】

[1] □，原文如此。

橘叟[1]是幀絕似桂林峰巒，展讀頓懷舊遊。魯公書逍遙樓刻石在臨桂清湘，自號一枝不乾

石乾萬笏矗嶢嶢，勢欲衝雲入碧霄。
弱植看山今已老，山樓猶令憶逍遙。

【注釋】

[1] 橘叟，即陳寶琛。詳見《附錄　蔡守與時人交遊考》。

水仙重開，和玉坡[1]原韻

洛神再涉扇江來，橫海驚鴻去又回。
玉珮分明曾解贈，墜歡重拾漫嫌猜。

檀心更向玉坡開，羅襪凌波肯再來。
欲與莊生尋舊約，似曾清淺話蓬萊。

【注釋】

[1] 玉坡，無考。

和楊曉帆秋瀛[1]寄懷原韻四首

時危寫贈一枝梅，數點天心莫大哀。
但願藕村堆篋衍，長恩呵護不成灰。

未因梅月訪尼坡當塗八景有尼坡梅月，姑負當塗景物多。
賴有茗柯賢北道，辟兵四月借行窠。

菡香精舍暑生涼，想像君家樂水鄉。
我與荷花共生日，未容一訪水仙王。

繇來亂世有危詞，家國幽憂那可醫。
漫笑子雲空自苦，橫天鋒鏑尚相思。

【注釋】

[1] 楊曉帆，即楊秋瀛。詳見《附錄　蔡守與時人交遊考》。

燔家書

烽火家書抵萬金，危時檢點更哀深。
郵筒一載將盈尺，累紙千行未了心。
不忍重看腸斷斷，胡為付炬淚涔涔。
□[1]剩愁□[1]都須□[1]，島寓人還盼好音。

【注釋】

[1] □，原文如此。

題諟齋[1]《補讀圖》

愁坐嚴城製此圖，人間何世入於湖。
陰符焚卷同垂老，但願太平還讀書。

【注釋】

[1] 諟齋，即張景遜。詳見《附錄　蔡守與時人交遊考》。

丁丑十月廿七日，余避地皖之當塗，與諟齋[1]過東營袁家

未出城東已入鄉，寒林野水自荒涼。
詎因佳日探幽勝，豫為危時一閉藏。
老僕情殷知故主袁氏為張氏舊僕，年已七十許，田家屋小有高床。

偷生蘄死原非計，微命推排聽上蒼。

【注釋】

［1］ 諟齋，即張景遜。詳見《附錄　蔡守與時人交遊考》。

得奚度青［1］江寧鎮書十一月廿八號發，十二月七號到，已十天

百里郵筒十日來，亂時聲問亦低回。
人生觀透能安命，自渡航成也要材。
同感有身為大患，獨嗟垂老不勝頹。
君歸猶有廟貲峴廟貲峴為度公之故里，感事口語也，似我流離劇可哀。

【注釋】

［1］ 奚度青，即奚侗。詳見《附錄　蔡守與時人交遊考》。

雪蕉［1］寄示秋日與農友［2］登江亭二首，依韻答之

秋原搴葦且同行，為句如䎽［3］唉語聲。
強賦閒情憐北客，獨留枯色向南京杜甫詩「南京亂初定，所向多枯色」。
風煙萬里愁羈旅，天地頻年苦甲兵。
惱我秦淮商女曲，都人勸樂作升平。

【注釋】

［1］ 雪蕉，即王蘊章。詳見《附錄　蔡守與時人交遊考》。
［2］ 農友，無考。
［3］ 䎽wen，從「昏」從「耳」，同「聞」。

猛憶江亭先澤存陶然亭有春帆公為長聯，都人至今稱之，京華蕉萃泣詩孫。
一囚國士添遺恨袁氏曾囚章太炎於此，空弔吟儔未彶［1］魂故人黃節《多江亭詩》。
原草殘秋人共瘁黃節江亭九日詩「原草漸黃人亦瘁」，滄浪今日孰同論黃節同遊江亭詩「微我金君更誰語，江亭今日似滄浪」。
舊遊雲物懷師友農友為劉三弟子，悵望天南黃葉村劉三居處曰「黃葉樓」。

【注釋】

［1］ 彶，同「返」，見前。

戊寅（1938）中秋詠月

天上何年問今夕，人間何世問今年。

斧柯在手斫無桂，剪紙招魂印萬川。

玉兔有光工假借，素娥雖寡愛團圓。

老夫不樂發奇想，一榻清輝損夜眠。

十六夜玩月仍用前韻

避地當塗才鬲[1]歲丁丑中秋在姑孰，沖風滄海忽三年丙子中秋舟次漫州遇風。

氣沈直欲暗全浦杜甫《八月十五夜月》詩「氣沈全浦暗」，光射猶能照逝川。

殘卻一分色未改「殘月色不改」，孟效詩，別將信宿想仍圓杜甫《十七夜雙月》詩「秋月仍圓夜」。

杜陵為玩金宵月，底事巴童渾不眠杜甫《十六夜玩月》詩「巴童渾不寐」。

【注釋】

[1] 鬲，同「隔」，見前。

向鄰僧乞白秋海棠種

緇流無物累，佳種或能分。

他日思君處，秋齋一砌雲。

戊寅九日示歗湖[1]

同是滿城風雨後，衰翁難出莫登臺杜甫《九日》詩「老翁難早出」。

坐看桓景避災去，不願王弘送酒來。

亂世客從羈旅老杜甫《九日》詩「世亂鬱鬱久為客」，故園菊傍戰場開岑參《九日》詩「遙憐故園菊，已傍戰場開」。

浣花高會三年事，今日逢君話劫灰。

【注釋】

[1] 歗湖，即陳歗湖。詳見《附錄　蔡守與時人交遊考》。

和江霞公[1]生朝誌感原韻，並示遐庵[2]

江湖滿地有狂瀾，想像乘桴稍得安。

赤柱海山宜比壽，白門風雨不勝寒。

展重陽節花能好霞公九月二十一日生，為兩截人吾所難。

欲寄二公一字劄，窮名赫赫遍長干。

【注釋】

［1］江霞公，即江孔殷。詳見《附錄　蔡守與時人交遊考》。

［2］遐庵，即葉恭綽。詳見《附錄　蔡守與時人交遊考》。

有誤以月色治印為余作者口占一首

衰翁六十眼昏昏，治印先愁臂不仁。

老去千秋有鈿閣，床頭翻誤捉刀人。

苦寒口號

無風無雪水成冰，江南十月凍難受。

充饑兩盌牛肉糜，抵冷一杯虎骨酒。

夜眠湯婆同暖腳，日媚溫姬頻熨手。

爭奈寒翁尚苦寒，蟄處竟為塞向叟顧印愚號。

十一月二日和歗湖［1］五十又九生朝原韻

飲啄天然不入樊莊子「澤雉十步一啄，百步一飲，不期畜於樊中」，且攜通德伴伶元東坡《五十九歲嘲朝雲》，「恰如通德伴伶元」。

平頭明歲還滇海香山《五十九除夕》詩「便是平頭六十人」，握手當時憶穗垣與歗湖二十年前相識於廣州。

曠劫佛言增壽命，避災地幸近隨園。

江城小至看雲物昨日冬至，杜甫《小至》詩「雲物不殊鄉國異」，百尺樓高氣象尊。

【注釋】

［1］歗湖，即陳歗湖。詳見《附錄　蔡守與時人交遊考》。

來犬生子。戊寅歲重入白門，有一喪家之狼狗來相依，因呼之曰阿來，今年十月十九夕來犬生一子，名曰來吉子。庚辰正月十六日茶壽會，諶子裁［1］戲為算命

難民豢難犬，竟見犬生兒。

嗟余孫與子，從亡更何之。

嗟於兩老人，流亡到何時。

黑鴍能渡海，何日報歸期。

【注釋】

[1] 諶子裁，詳見《附錄　蔡守與時人交遊考》。

戊寅東坡生日，與陳寥士 [1]、伍平一 [2]、曹靖陶 [3]、陳伯治 [4]、童汝川 [5]、吳志抱 [6]、薛珍伯 [7] 河房醵飲

我身六十不準擬白香山句「不準擬身年六十」，正是東坡過嶺年東坡六十有「長記先生過嶺年」句。

幸有老雲得安健東坡六十與陳季常書，有「與老雲過嶺及殊覺安健」之語，祝公又損畫叉錢。

送米時叨可續炊東坡六十有詩「時叨送米續晨炊」句，還謀真一酒盈巵東坡六十有真一酒詩。

破家努力支門戶，我亦馳書示兩兒東坡六十有寄書「陽羨兒及門戶各努力」句。

【注釋】

[1] 陳寥士，詳見《附錄　蔡守與時人交遊考》。

[2] 伍平一，詳見《附錄　蔡守與時人交遊考》。

[3] 曹靖陶，即曹熙宇。詳見《附錄　蔡守與時人交遊考》。

[4] 陳伯冶，即陳世鎔。詳見《附錄　蔡守與時人交遊考》。

[5] 童汝川，即童益臨。詳見《附錄　蔡守與時人交遊考》。

[6] 吳志抱，無考。

[7] 薛珍伯，無考。

戊寅除夕和寥士 [1] 韻

嚴城猶作難民居，人未能歸歲又除。
鬱鬱竟為白下客，悠悠久闕廣州書。
梅因知閏還愁勒，蘭不當門欲避鋤。
忽憶舊時會鄉黨，每逢元日羨吾盧。

【注釋】

[1] 寥士，即陳寥士，詳見《附錄　蔡守與時人交遊考》。

和何覺 [1] 除夕寄懷原韻

後生可託吾將老，重聚鄉園未敘期。

衰朽料無車笠事，亂離同望太平時。
寒花都幸妻能畫，專壑寧非我寓詞。
歲莫邕南烽火急，蒙夫勿罪報書遲。

【注釋】

[1] 何覺，廣西人，餘無考。

召客看楝花

窮園春已莫，草木自荒深。入鏡穎可餐，坐對即山林。中有出林枝，繁花綻紫琳。延目秀薄間，延步錯楚陰。二十四番風，楝花信始臨。時告民無寒，苦與我同心。駘蕩多有趣，嬌彈如不任。寧為驅蛟龍，豈欲烹皇禽。到畏花事了，沉吟竟至今。未肯負此花，折柬召朋簪。朋簪無懦韻，字字金石音。為賦楝花篇，一撫遲暮襟。

詠史

渴不飲盜泉，暍不息惡木。一飲寧為貪，一息寧為辱。窮士抱高節，那肯自齷齪。生茲洴澼世，時懼身難淑。降旛出石頭，天翻又地覆。桃花源灼盡，何處有幽谷。冶城罹曠劫，緋衣蓰不落。燕歸只巢林，人歸更無屋。土著償客作，奚止輪帛粟北齊高歡語。勳爵以自豪，著書署長樂五代馮道號長樂老。京華盛冠蓋，胡為獨局促。內顧無斗儲，外望無寸祿。久不夢周公，誰見三哺握。世亂老為客，未契安可託。猛虎穴索食，野雀林投宿。性命得苟全，貧賤知自足。貧賤敢驕人，傲岸笑顏斶。負戴甘與子，偕隱有祝牧。

寄馬竹廣 [1]

卅年黃浦別，萬里音塵絕。聞我作亡人，念舊腸為熱。自顧亦清貧，佽助計安設。東坡為楊耆，醵錢帖可揭。奔走告朋儔，不惜焦唇舌。亂世誰解囊，恨無點金鐵。何以活故人，仰屋涕淚雪。楊侯竹君書語我，使我更嗚咽。相識遍天下，友誼君獨切。往事成陳跡，酸鼻吾能說。國學保存會，早等煙消滅。衰頹悲鄧實，窮死哀黃節。我今亦周甲，老弱力已竭。流落石頭城，奚翅甕中鱉。銀河洗甲兵，誓發雲南轍。同遊雞足山，題名亦鐫碣並寄三臺洞題名拓本。

【注釋】

[1] 馬竹廣，「廣」當為「厰」，即「庵」字，無考。

陳寥士[1]生朝十月二十三日召飲，即席拈得惠字

示我初度詩，句爭海藏麗。曠劫有壽命，況乃當壯歲。出處為蒼生，艱辛一救世。故國歎飄蕭，再定百年計。世亂無是非，定力遠智慧。今夕承寵召，握手宛夙契。樂我以笙歌，飫我以甘脆。老妻亦同醉，多謝賢伉儷。驅車迸[2]衰翁，未免更傷惠。

【注釋】

[1] 陳寥士，詳見《附錄　蔡守與時人交遊考》。

[2] 迸，同「送」。

大雪再見懷橘叟[1]

匝月雪未化，雪又飛上階。窮園更不窮，珠玉積無涯。斜坡敧玉版，古木髀珠釵。天地者嚴淨，光麗美寒齋。寒齋苦寒翁，塞向名相諧。忽憶李橘叟，氣血亦不佳。當塗馬腳炭，南京猿頭柴。紅泥小火爐，各自善推排。一室能為春，胡云無好懷。懷想流離人，野堆餓死骸。碧翁似憐憫，白玉深深埋。

【注釋】

[1] 李橘叟，詳見《附錄　蔡守與時人交遊考》。

己卯（1939）除夕，月色得潤豪買貂裘

崢嶸歲雲莫，繢事損宵眠。精神同抖擻，二人病甫痊。牛衣夜更寒，瑟縮坐破氈。偎倚借餘溫，瘦骨相削剸。筆凍互傳呵，色凝強自妍。獻歲歲朝圖，紅梅冷金箋。瘦金書入印，欣賞有時賢。莫歎鑿山骨，奏刀能攻堅。天涯相暖熱十二月二十七日故事，風俗似南邊。利市寫宜春二十八日立春，潤豪過半千。半千可卒歲，壓歲多多錢。忽見金貂裘，平仄賣如玉鞭。一生好奇服，垂老猶狂顛。傾囊買此裘，甘心過窮年。金光燦陸離，紫氣滿庭前。身披一品衣，幸福真徼天。

己卯（1939）元日和寥士[1]韻

延之上座獨尊貧，一盞屠蘇亦苦辛。
聽雨瘦眠骨削物，怯寒乾浴腹生鱗。
年時至竟兒童事，衰病偏愁羈旅人。
各有小園足清趣，坐看梅送兩家春。

【注釋】

[1] 寥士，即陳寥士。詳見《附錄　蔡守與時人交遊考》。

上章執徐 [1] 元日五首

買裘已分過窮年，詎料宵分饋歲錢除夕夜深，爰居閣主人遣伻送貲。

居近茶邨聊自況，當今竟有此生茅元儀賢見《茶邨記》茅止生三君詠事。

其二

徑鋪鶴毳琉璃罩，快雪時晴可意行。

一病經冬元旦出，鍾山整個玉崢嶸。

其三

十園梅訊高年聞，老月移梅也報君。

來看骨朵二字作平何處王，更遲判月競芳芬。

其四

來鶴亭前久未過，二陳仲美、鳴遠俊物更搜羅。

空誇眼學稱壺帝，壺帝蒙塵可奈何。

其五

沖泥沖雪訪屯雲，香霧房櫳茗氣芬。

妙絕紅梅些子景，品花欣賞逾歡欣。

【注釋】

[1] 上章執徐，即紀歲「庚辰」。古時以干支紀年，《爾雅・釋天》，「（太歲）在庚曰上章。」《爾雅・釋天》，「（太歲）在辰曰執徐。」或曰，姓張名號執徐者。此當以紀年為是。即 1940 年，蔡守於次年歿於南京。

己卯（1939）正月二日過單雲閣 [1] 探梅，遇看雲 [2] 邀醉秦淮酒家，更訪屯雲館 [3]，歸同連句

高年探取花消息寒，此日尋梅有結言。

一雨卻愁乖俊約月，嫩晴著意媚溫馨。

更逢詩伯河房醉寒，同眠春人酒盞喧並召歌者王鳳英、張玉林共飲。

薄暮回車動吟興月，三云迴句細相論寒，是日讀寥士彥通《靖陶新詩》。

【注釋】

［1］單雲閣，陳寥士有《單雲閣詩集》。詳見《附錄　蔡守與時人交遊考》。

［2］看雲，即曹熙宇。詳見《附錄　蔡守與時人交遊考》。

［3］屯雲館，即陳方恪。詳見《附錄　蔡守與時人交遊考》。

己卯（1939）寒食，狂風驟雪，雷電交加二月十六日

亂隙清明客盡哀，何堪驟雪挾風雷。

食寒損命寧天意，幸勿為書罪子推漢同舉傳。

三月二日金無為［1］從姑蘇來訪

新茗薦穀雨，勝事屬吾家。

客從遠方來，試我午甌茶。

促席相與言，感歎復諮嗟。

春服亦既成，春醪亦可賒。

更召鄰翁飯，煮豆臑胎蝦。

醉歌時運章陶潛［2］「時運四章，莫春作也」，陶然樂無涯。

【注釋】

［1］金無為，無考。

［2］陶潛，詳見《附錄　蔡守與古人交流考》。

三月十三日汪鴻［1］老召看牡丹，與遊石觀音寺［2］、周處讀書臺［3］、白鷺洲［4］

五老看花會，良朝展上巳。

亂後眼偏明鄭谷［5］《牡丹》詩句，脂臉粉腮美。

肯為老人開，甘心醉杯匜劉禹錫［6］《牡丹詩》「今日花前飲，甘心醉數杯。但看花有語，不為老人開」。

豚蹏筆鞍靳讀如芹，嘉肴多且旨。

淺醉宜閒行，城隅一隨喜。

曠劫佛不壞，佛力大如是。

同上讀書臺，世亂思猛士。

還來白鷺洲，湔祓弄春水。

酒食日推排，頻頻動食指歗老約明日食宣威火腿。

【注釋】

［1］汪鴻，清陳鴻壽有幕僚曰汪鴻，亦善畫與篆刻，西泠八家之一，非此。

［2］石觀音寺，在南京江寧路。原址是南朝中的梁朝開創者梁武帝蕭衍的出生地。梁武帝改作光宅寺。

［3］周處讀書臺，在南京江寧路西側。

［4］白鷺洲，白鷺洲公園，位於南京城東南隅，明朝永樂年間是開國元勳中山王徐達家族的別墅。

［5］鄭谷，詳見《附錄　蔡守與古人交流考》。

［6］劉禹錫，詳見《附錄　蔡守與古人交流考》。

己卯三月三日北京稊園修禊，用崔顥［1］上巳詩分韻，關穎人［2］代拈得人字

兩京有劫塵，劫罅上巳辰。
薊門集禊飲，稊園賢主人。
兵氣一祓除，會見太平春。
嗟余羈白下，所遊非我鄰。
信有好湖山，未欲出城闉。
何時氛祲消，已老憂患身。
想像燕臺樂，道遠去無因。

【注釋】

［1］崔顥，詳見《附錄　蔡守與古人交流考》。

［2］關穎人，即關賡麟。詳見《附錄　蔡守與時人交遊考》。

上巳歗湖［1］召飲

垂老客殊方，各思故鄉味。
馳書遙索取，阻兵三月滯。
題封手自開，良朝直春禊。
知我有遠客金無為，召要同一醉。
家臘旨且多宣威火腿，山蔬甘且脆荳胡子。
吾亦愛吾鄉，家毀誰與寄。
人離鄉則賤，物離鄉則貴。

斯話足沉吟，何日逢夷世。

【注釋】

[1] 歗湖，即陳歗湖。詳見《附錄　蔡守與時人交遊考》。

上巳後一日，寥士[1]伉儷與公孟[2]、靖陶[3]、次溪[4]河房補修禊事，召西神彥通[5]及余夫婦同飲，復遊臺城、北湖[6]

薺花生日過，補禊小上巳。坐我朝英筵，老醜寧勿恥。秦淮媲曲江，花低差豔妓香山「上巳曲江宴會」句。春醪一撫慰，羈心樂只[7]王徽之《蘭亭集》詩「蕭然忘羈」。餐穎望秀薄，散懷耍山水。宴罷同歡遊，言訪臺城址。堤柳尚依舊，僧樓亦未圮。石鼎煮新茶，欄循相徙倚。山滌消氛祲，鍾嵐耀金紫。金紫接波光，後湖落眼底。忽動敏槐興，興動情難已。驅車出北門，泛舟繞汀沚。舉翮觸樊隅，一豁良可喜。寄歡得二奇王徽之《蘭亭集》詩「心冥二奇」。二奇，魚鳥也，差可蘭亭擬。掬水弄新荷，新荷信芳美。待荷花生日，還來弄蓮子。

【注釋】

[1] 寥士，即陳寥士。詳見《附錄　蔡守與時人交遊考》。

[2] 公孟，無考。

[3] 靖陶，即曹熙宇。詳見《附錄　蔡守與時人交遊考》。

[4] 次溪，即張次溪。詳見《附錄　蔡守與時人交遊考》。

[5] 西神彥通，即王蘊章。詳見《附錄　蔡守與時人交遊考》。

[6] 臺城北湖，即南京玄武湖。北湖內知名景點如雞鳴寺、環洲、九華山、臺城等。

[7] 此句似脫字。

清明一首，用杜子美[1]原韻

青溪低罨綠楊煙，飄泊身如不繫船。
插柳天涯同習俗，看花劫罅亦因緣。
後生可託余將老，故里不歸人所憐。
舉國流氓誰念爾，滿城新冢共淒然。
食寒叨遴青精飯，廝奚時分百打錢。
嘉日難忘松海[2]會，朋儕離散忽三年丁丑清明吟儔大會於松海。

【注釋】

［1］杜子美，即杜甫。詳見《附錄　蔡守與古人交流考》。

［2］松海，在北京延平，是著名風景區。

與蕁農彥通［1］過白鷺洲

茲遊償得三年願，卻遜當年遊興濃。
照眼城春深草木，驚心客老漸龍鍾。
縠紋竟欲皺吾額，柳色才勝媚岸容。
會訪奇礓徐氏物，漫尋二水謫仙蹤。

【注釋】

［1］蕁農彥通，即王蘊章。詳見《附錄　蔡守與時人交遊考》。

己卯谷日，室中瓶梅盛開，寥士［1］、靖陶［2］有約不來

爛漫交加夾鏡春，梅花請客耍詩人。
無端雨雪妨車過，手自煎茶供喜神。

【注釋】

［1］寥士，即陳寥士。詳見《附錄　蔡守與時人交遊考》。

［2］靖陶，即曹熙宇。詳見《附錄　蔡守與時人交遊考》。

重過隨園故址，題袁簡齋［1］墓

祠傾石榜吾猶見，一載重來不可求。
享受大年兼絕福，賸看遺冢亦風流簡齋夫婦與六姬同一墳場。

【注釋】

［1］袁簡齋，即袁枚。詳見《附錄　蔡守與古人交流考》。

登掃葉樓［1］口號

掃花詞句少人傳，掃葉尊稱龔半千［2］。
一室掃除吾亦懶，蕭蕭落木況無邊。

【注釋】

［1］掃葉樓，在南京市鼓樓區清涼山公園中，是明末清初畫家、詩人龔賢故居。

［2］龔半千，即龔賢。詳見《附錄　蔡守與古人交流考》。

過烏龍潭懷柳館長詒征 [1]

烏龍潭上柳毵毵，曾擁嫏嬛三萬簽。

休道圖書無忌地，傷心豈獨盞山髯。

【注釋】

[1] 柳館長詒征，即柳詒征。詳見《附錄　蔡守與時人交遊考》。

登雞鳴寺望後湖示老月 [1]

三年有禁靳躋攀，亂後登樓一破顏。

莫歎廣州歸未得，廣州無此好湖山。

【注釋】

[1] 老月，無考。

招西神 [1] 看花

娃娃橋畔草萋萋，怪底尋春路竟迷。

白下春光何處好，杏花紅遍鼓樓西。

【注釋】

[1] 西神，即王蘊章。詳見《附錄　蔡守與時人交遊考》。

閒居

北船米價高如許此地米價四十餘元一包，中國人徑未嘗此味。哀哉！窮人何以生也，哀角嚴城六月初。正要貧家勤掃地東坡詩「貧家勤掃地，貧女好梳頭」，未妨詞客賦閒居。

愁看藕孔刀兵過，日課蓮花漏刻餘。

卻笑金仙不歸去，一朝騎驢駕鹽車昔有一仙人，修道失念，為魔女乘騎驢駕車遊四天下。見《華鬘經》。

己卯（1939）十月初度感懷，用遐庵 [1] 韻二首

久住娑婆似異鄉，門前流水憶西方東坡詞「門前流水尚能西，休將白髮唱黃雞」。

春宵苦短不知曉，公子無愁別有腸。

一笑跖非夷豈是，百年鳧短鶴何長莊子「鳧頸雖短，續之則悲；鶴頸雖長，斷之則哀」。

自憐根器終凡鈍，老傍旃檀刻糞香《法華經》云，「譬如旃檀刻糞，無有是處」。

乘龍曾夢白雲鄉，摸象虛空不可方。
剛過盛年無死法，只餘哀感損中腸。
回天事業三更了，痲劫冤親一念長。
割舌幾人真懺悔天親割舌，白頭消受半爐香。

【注釋】

［1］遐庵，即葉恭綽。詳見《附錄　蔡守與時人交遊考》。

再賦一律換韻

六十當歸歸未遲，堂堂又過四年期。
形骸似我真安在，傀儡隨人老不宜。
獨笑囊中留廢劍，閒從天外看枯棋。
源頭本自無生滅，覿面光芒卻是誰用梁武帝對初祖語。

十一月望夜作畫至宵分，見月當頭，口占二十八字

耐寒寧為月當頭，畫債催償不自繇。
枯樹滿園無個影，繁霜地白冷茶丘。

與月色同畫梅石挽關德褘［1］

天崩地裂掌珠敓［2］，萬古傷心午夢堂。
偷檢淚痕入山骨，寒花可有返生香。

【注釋】

［1］關德褘，無考。

［2］敓 duó，一解作「失去」。

病起口占

眾生苦共維摩病，未見文殊問疾來。
一臥浹辰𨁂𨂿起，黃梅還傍藥爐開。

題《蒙山小隱圖》卷賓虹［1］為何覺［2］寫

仲卿標榜海騷閣南海陳曇［3］深慕鄺海雪［4］，因榜其閣曰「海騷」，以驪僑雅也，

爾雅[5]矜持綠綺臺。

雲軿威儀空想像，從亡翻妒汝能來。

【注釋】

[1] 賓虹，即黃賓虹。詳見《附錄　蔡守與時人交遊考》。

[2] 何覺，廣西人，餘無考。

[3] 陳曇，詳見《附錄　蔡守與古人交流考》。

[4] 鄺海雪，即鄺露。詳見《附錄　蔡守與古人交流考》。

[5] 爾雅，即鄧爾雅。詳見《附錄　蔡守與時人交遊考》。

病起看雪十二月十二日

溫馨一室暖於春，久不窺園衰病身。

鑒寅碧翁真粉本，斜坡古木者精神。

十二月十九日與月色病中壽蘇

作壽年年高會時，今朝病榻欲忘之。

強扶老月深深拜，一盞香茶兩冊詩行篋中有歷年朋儕壽蘇詩兩巨冊。是冊耑有傾城、月色摹東坡像。

去歲河廳還醵飲，鬲城鋒鏑客魂飛。

座中驚殺陳驚座嘲伯治，覆盞倉皇急急歸。

戊寅（1938）除夕題《九老畫》用倪小圃[1]原韻

羞見黃花無數新黃梅借杜甫句，蒼松翠竹劫餘身。

歲寒同抱冬心事，但願平安一室春。

【注釋】

[1] 倪小圃，即倪耘。詳見《附錄　蔡守與古人交流考》。

己卯（1939）除夕題倪小圃[1]《歲朝百事如意圖》

舊邦破碎盼維新，休道天涯老病身。

萬一梅花同小壽，寒翁亦自有千春。

【注釋】

[1] 倪小圃，即倪耘。詳見《附錄　蔡守與古人交流考》。

不睡龍稊園 [1] 詩社庚辰新正大會題，限虞韻

吳越備史，彼武肅王在軍中未嘗自安，以圓木小枕綴鈴，睡熟則欹，由是而寤。名曰「警枕」。天福中，近侍李詠因監契丹驛中。有判官謂李詠曰「武肅王嘗夜不睡」。詠詰其所知，答曰「嘗聞五臺王子太師言，浙中不睡龍。今已歸矣。」訪其所聞，乃壬辰之後也按錢薨於長興二年壬辰三月。

敓得西湖一顆珠，松濤可似射潮無。

茶恩恩我封侯相茶封不睡侯，又茶邨語「與物無緣，唯茶恩我」，也向壺中圖霸圖。

【注釋】

[1] 龍稊園，1925 年關賡麟與樊增祥、易順鼎、許寶蘅等決定在寒山詩社的基礎上，組織一個新詩社。詩社創建、活動在關賡麟在北京南池子南灣子胡同一個叫「稊園」的住宅內，因而詩社名為「稊園詩社」。稊園詩社聚集了許多當時中國一流的文化名人，有傅增湘、吳北江、夏枝巢、許寶蘅、關賡麟、陳雲誥、王道元、章士釗、郭風惠、鍾剛中、蕭龍友、齊如山、葉恭綽、邢冕之，黃君坦、湯用彤、李培基、劉文嘉、彭八百、張伯駒、王冷齋、言簡齋、沈仰放等先生。

陳鳴遠 [1] 菱花壺

鶴邨菱花壺，奇觚與眾異。

一壺抵千金，如拔中流墜。

【注釋】

[1] 陳鳴遠，詳見《附錄　蔡守與古人交流考》。

陳鳴遠竹節蜂蟻秘閣

慧眼觀蜂蟻，亂媲人間事。

藕孔可藏兵，遠曉放翁意。

陳鳴遠菱角栗子

栗竟砂搏就，楮疑玉刻成。

一寸感焦土，千載哀生靈「生菱」為「生靈」諧聲，見宋人劇本語。

陳鳴遠佛手柑

佛說摶砂能起信，鶴峰此手結何印。

垂老寧為兩截人，蔡經坐對癢難忍杜于皇云「能忍痛忍癢，不坐兩截人」。

《萬竹叢中一草廬圖》為南匯吳鏡湖[1]作

吾聞歇浦東，有園名大竹。竹中一清士，竹裏幾茆屋。主人自蕭閒，堆架書可讀。紅藥羅堂前，古豔而不俗。良朝文酒會，何必食無肉。客散明月來，猗猗天地綠。我亦有故廬，窈窕琅玕谷。去歲付一炬，思之欲慟哭。今作樊中鳥，舉翮四隅觸。筆曾干氣象，白頭吟局促。劫罅索題圖，吉祥語為祝。有竹家平安，平安便是福。

【注釋】

[1] 吳鏡湖，即吳熙曾。詳見《附錄　蔡守與時人交遊考》。

題金銀片歙硯

百二研田稱富翁，寒瓊片石傲金農。

筆耕耕出金銀氣，墨客生涯不盡窮。

寫山水偈

自家寫出自家山，自家讚歎自家彈。

理障乘除智障苦，何年砉破畫禪關。

詞

玲瓏四犯用《竹屋癡語》[1]元韻，題陳鴻璧女史己酉（1909）畫贈《雙鶯圖》

擬上屏風司空圖[2]《詠鶯》詩「應知擬上屏風畫」，好一對，黃鶯無盡情絮。杏雨雙棲貫休[3]詩「藏雨並棲紅杏蜜」，愁濕舊時花樹杜甫[4]詩「黃鸝並坐交愁濕」。慣識草綠江南吳融[5]《詠鶯》詩「慣識江南春草處」，比翼作，緜蠻語。語爾儂，廝守今生，卻不要分飛去。　　劇難料仄取金閨意劉孝孫[6]《詠鶯》詩「料取金閨意」。畫圖中，怨恨如訴。乃知眾鳥非儔比司空曙[7]《詠鶯》句，誰是佗心許易老，九十韶光屠隆[8]《詠鶯》詩「九十韶華愁易老」。寸斷腸用《玉堂閒話》[9]事，箋丁寧句杜甫詩「便教鶯語太丁寧」。寄所思，欲託藏機用六帖[10]元處士事，傳信七年仙侶。

【注釋】

[1]《竹屋癡語》，宋高觀國撰。高觀國，詳見《附錄　蔡守與古人交流考》。

［2］司空圖，詳見《附錄　蔡守與古人交流考》。

［3］貫休，詳見《附錄　蔡守與古人交流考》。

［4］杜甫，詳見《附錄　蔡守與古人交流考》。

［5］吳融，詳見《附錄　蔡守與古人交流考》。

［6］劉孝孫，詳見《附錄　蔡守與古人交流考》。

［7］司空曙，詳見《附錄　蔡守與古人交流考》。

［8］屠隆，詳見《附錄　蔡守與古人交流考》。

［9］《玉堂閒話》，五代王仁裕著。王仁裕，詳見《附錄　蔡守與古人交流考》。

［10］六帖，《白氏六帖》，原名《經史類要》《事類集要》，三十卷，唐白居易編著。白居易放置數千瓶子，命人取諸經典籍中的詩文佳句，投於瓶中，後再分門別類，匯輯成書。宋代有晁仲衍作注。孔傳撰有《孔氏六帖》，後人將之與《白氏六帖》合一，稱《白孔六帖》。元處士事，不詳。

鳳鸞雙舞用汪水雲［1］韻

騷香子，琉璃宅，第看瓊瑤紛墜。香雪海上，銀鴛比翼，浪花高湧，霰花高綴。人如玉，肌爭雪痕，眉描月勢。試挩［2］卻白狐裘共浴，唐宮遺事，潑寒胡戲。　　水嬉妙意。雙舞竟，溫泉騰沸。粉香脂膩，使魚睡龍酥。築個瑤池，香湯不羨豆蔻和蘭桂。迢遞瞯浴，猛思前歲。

【注釋】

［1］汪水雲，即汪元量。詳見《附錄　蔡守與古人交流考》。

［2］挩，「脫」的古字。

馬家春慢用賀方回［1］韻

金鳳林，姑蘇人。京華名妓也。與小進有齧臂盟。金屋未成，玉人頓萎。小進為葬於宣南。越兩月餘來都，弛擔小進寓齋。甫三日，小進歸香港，至半載以事不果來。囑僕從收拾行裝，余將徙寓邑館。瀕行忽在丁香花下拾得紙折書籌數枝，繡鞋花樣幾幅，雜以殘茸斷線，知必鳳林遺物，小進所珍愛者也，因題封寄之，並系一詞。

芳冢才對，豔碑待刻，薄倖遄歸香島。賸馥殘脂，自珍重，奚奴安曉。拋棄丁香樹底，幸儂瞥見為收好原韻巧字復，故易之。試看佗花樣玲瓏，可似心兒巧。　　堪哀玉人年少，恨來遲，未睹傾國姿貌。伴讀憑肩，唾茸沾靨，幾番嗔笑，半載房櫳銷斷，只留與香魂吟繞，畫裏喚，真真苦絕情懷，誰告。

【注釋】

[1] 賀方回，即賀鑄，詳見《附錄　蔡守與古人交流考》。

淒涼犯用夢窗[1]韻題《遊魂落月圖》

幽原杳闃，啾啾泣，悲哀振谷飄。葉小湫照，影低紅掩，翠冷螢露。濕荒叢霧，合溱洧無聲暗涉。閃青燐，迷白骨，蔓楚幾重疊。　　蘿斷墜殘月，動林枯聲，可憐魂怯。伝伝欲去欲何之，乍回冰靨。愁絕孤墳野風起。裙兒亂折，夜闌珊，隱去來，隨煙頓滅。

【注釋】

[1] 夢窗，即吳文英。詳見《附錄　蔡守與古人交流考》。

西江月用龔山隱[1]韻，荔支灣調冰室納涼，寄月娘

雪藕調冰節候，雙舟蘋苫波間。匆匆誓海與盟山，只怕芳心會變。　　日日停橈佇望，幾時才得身閒。今宵盡賦定情篇，結個鴛鴦詩伴。

【注釋】

[1] 龔山隱，即龔大明。詳見《附錄　蔡守與古人交流考》。

濕羅衣

甲寅（1904）十二月二十七夕，仲瑛以余己酉（1909）客上海時寄贈之黃濱虹[1]仿程穆倩[2]枯筆《壺天閣圖》囑題。余去歲北遊，正是日過扈瀆，與濱虹重逢，為作《泰岱遊蹤》卷子，亦有是圖，但非焦墨。因走筆填此一闋，聊欲紀實，固未求工也。

聊尋曩跡畫圖中，無端六載匆匆。重展花前又臘燈紅。　　去年今夜重逢，寫遊蹤，還輸此幅。潤如春雨，乾裂秋風。

【注釋】

[1] 黃賓虹，詳見《附錄　蔡守與時人交遊考》。

[2] 程穆倩，即程邃。詳見《附錄　蔡守與古人交流考》。

小樓連苑用放翁[1]韻

甲寅（1914）歲莫，偶翻《斷腸詞》，夾有殘草數縷，憶是癸丑（1913）

小除前一夕，王素靈繡睡鞋賸者，玩物懷人，遂成此闋。

劇思江介漂零，峥嶸客裏年將晚。臘燈紅處，秦箏偎傍，納懷手暖。自唱新詞，歲華偷送，四鄰絲管。睡鞋剛繡好，衾棱瞥見，春先到，仙娃館。　迅雨韶光又換。誤瑤期，匝年雲散。揚州一覺，釵分翠鳳，箏孤銀雁，空賸殘茸，斷腸詞卷，鼻薰香覰，卻難忘那日，雪中判袂，一聲河滿。

【注釋】

[1] 放翁，即陸游。詳見《附錄　蔡守與古人交流考》。

[2]《斷腸詞》，宋朱淑真著。朱淑真，詳見《附錄　蔡守與古人交流考》。

喜遷鶯用夢窗 [1] 福山蕭寺歲除韻，有序

甲寅歲除不寐，思去年今日在亀瀆 [2] 驅車訪劉三過徐家匯故居，余以己酉春挈眷賃廡於斯，至辛亥春始歸里。一旦重來，門庭猶昔。與鄰人話舊，低徊久之。旋至黃葉樓，一別四載，殘年再晤，喜可知也。劉三盡發所藏石墨，剪燈共讀。更以古甓拓本十數種題贈。是夕並與靈素夫人裁句為令，歡飲徹明。客中似此度歲，洵人生不可多得。今宵回憶，倏忽經年，勝事難忘，因填此闋，即寄劉三。

孤車投暮。記沖歲訪友，風推棼櫓。臘鼓連村，春旗飄雪，愁見舊時棲旅。故柳欲遮妝閣，寒燕還依吟戶。遇隣媼，問袁家中婦妍，如前否。　過平處都曩跡，蕭寺野橋，塔影欹斜午。黃葉樓中，良宵重會，休歎韶光飛羽。傳燭讀碑題字，停盞擘箋裁句，奈今夜，擁瓶花，細憶經年情縷。

【注釋】

[1] 夢窗，即吳文英。詳見《附錄　蔡守與古人交流考》。

[2] 瀆，同「瀆」，一解江河大川。

換巢鸞鳳用史邦卿 [1] 元韻，瓶中牡丹委瓣寄騷香子

淒絕阿嬌。惜迷於金屋，錯了藍橋。仙姝工寫詠 [2]，端合嫁文簫。年年愁病損瓊腰。一年一年，朱顏也銷。韶華去，請汝試把菱花照。　樓悄，思渺渺。花墜玉瓶，撩亂人懷抱。片片殘紅，封題偷寄，是斷腸消魂草。只要他真個迴心，換巢鸞鳳教偕老借句。者癡情有，靈犀早能深曉。

【注釋】

[1] 史邦卿，即史達祖。詳見《附錄　蔡守與古人交流考》。

［2］詷，從「言」從「勻」，同「韻」。

一落索用陳後山［1］韻。憶甲寅元旦次夕，劉三招友博塞。余與靈素對坐小房櫳燈下，素畫水仙花一幀，破曉才畢。今夜看花，頓成隔歲，寧不惘然

緗色裘兒纖軟，寒香梅亂。記曾相對白描來，粉額宮黄新染。　顧影凌波輕倩，偎燈還見。蛾眉淡掃脫塵妝，可似得天人面。

【注釋】

［1］陳後山，即陳師道。詳見《附錄　蔡守與古人交流考》。

塞垣春用吳夢窗［1］丙午歲旦韻，乙卯（1915）上巳日寒瓊水榭雨中書所見

聽隔河絲莞。便似覺，風光暖。靈花頌美，綠醽觴壽。新曲嬌囀。倚雨窗又把屠蘇盞，櫛羽髻，年幡短。話前遊，駒光迅，舊時情事偷遠。　草濕石榴裙，繡鞋惜沖泥，延步橋岸。嫩柳傍簷牙，掠香密雙燕。看鄰娃諍歲，喧笑藏彄。炫穠妝，故教見。芋葉弄春燈，認燈痕紅淺。

【注釋】

［1］吳夢窗，即吳文英。詳見《附錄　蔡守與古人交流考》。

甘州令用柳屯田［1］韻，寄蘊瑜［2］

斷雲飛，亂水急，心兒俱野。春去也，綠成紅謝。想人人，背銀燭，淚珠偷灑。欲郵椾［3］，恐殷羨，卻不莞，戀書無價。　目成鏡檻，魂銷吟榭。問遊娟，怎輕拋捨。定情幃，合歡几，可憐良夜。伩瓶花，伴孤寂，又愁殺，影欹香冶。

【注釋】

［1］柳屯田，即宋柳永。詳見《附錄　蔡守與古人交流考》。

［2］蘊瑜，無考。

［3］椾 jiān，同「箋」。

五福降中天用江致和［1］韻，乙卯（1915）重午舟中書所見

剪菖蒲籌酒，薄醉泛海珠東。看競渡人歸，畫舫花容。輕浪珠翻翠袖，夕照紗明粉胸。泛泛朱橈，十指剝春蔥借白香山 2 句。浮萍偶聚，奈語託，微波未通。滌水一搖人渺，髩影因風。渾疑洛浦，漂瞥見驚鴻夢中。復似常娥，驀然飛入廣寒宮按此調與《齊天樂》別名《五福降中天》不同，見《詞律拾遺卷三》。

【注釋】

［1］江致和，詳見《附錄　蔡守與古人交流考》。

［2］白香山，即白居易。詳見《附錄　蔡守與古人交流考》。

韻令重午後一日，殤弱子

昨朝臂縷，長命索絲。俄而樂變悲梁簡文帝［1］《哀子辭》「乃變樂而為悲」，掌中珠碎，厀［2］下龍推借庾信［3］《傷心賦》兩句。頻年亂稿，今更添噫金仁山所為詩曰，亂稿世亂也，曰噫稿，喪子也。情鍾我輩，山簡那能知。　　誕同曼倩，朔字名兒子以五月初一生日。啼聲識異姿，痛過潘岳，沒一旬期潘岳《西征賦》「子無七旬之期」。注，子以三月壬寅生，五月甲辰夭，六十餘日也。東門達意，匪我能之。阮簃剪燭，交淚伴人垂。

【注釋】

［1］梁簡文帝，即蕭綱。詳見《附錄　蔡守與古人交流考》。

［2］厀，同「膝」。

［3］庾信，詳見《附錄　蔡守與古人交流考》。

十六字令

丙辰（1916）八月二十九日，練風甚雨，從旺角航海訪鄧芰郎於赤柱山［1］下，問瑑子消息。瑑子者，余十餘年辭賦勝侶也。祠因細事，不相見已數載。顧南北睽鬲，未嘗片晌去懷。況同居一島，室邇人遐乎。今芰郎云，瑑子謂余太癡，不欲再接。噫！不可思議。《經》曰，從癡有愛，則我病生。余嘗為它病，它謂余癡，宜也。癡豈余所能諱哉。第因癡，竟見絕於我，人人奈何。恨非除夕，未能遽賣癡耳，口占此令答之。

癡，喚我千聲了不辭。癡，於死還幸得卿知。

【注釋】

［1］旺角、赤柱山，均為香港地名。

長相思用袁正真［1］韻。與子和、貴真泛舟湖上，笑指雙峯曰，余當館吳於南峰，館陸於北峰，時乘飛槎往來兩峰之間

南高峰，北高峰，兩地歡情一樣濃，雙峰金屋中。　　採芙蓉，紅芙蓉寶帳香重重，一雙紅芙蓉。謂飛鸞輕鳳也。見《杜陽雜編》，才過西來又向東薛欄英、蕙英姐

妹與鄭生定情詩「風流好似魚游水，才過東來又向西」，飛槎天際通。

【注釋】

［1］袁正真，詳見《附錄　蔡守與古人交流考》。

長相思用宋宮人章麗真［1］韻

菱花秋，蓼花秋，開到秋花無限愁，年時水樣流。　松飂飂，竹飂飂李群玉《移松竹詩》「龍髯鳳尾亂飂飂」，萬一西泠共白頭，孤山樂所囚陳造詩「局促似為山所囚」。

【注釋】

［1］章麗真，詳見《附錄　蔡守與古人交流考》。

鶯啼序用汪水雲［1］原韻，並依其體，重遊西湖感舊憐新，遂成此闋

尋尋谷陵曩跡，見高深更遞。賸雲水，亙古常新，絓眼未損幽致。歎馬足，船唇交趾，幽燕南北塵容悴。一無成，今又重來昔懷空偉。　十載西湖，亡人況味，野寺甘寒薺。有油壁，瓊輈邂逅，垂楊影裏，鎮相憐深。燈密帳接，吻酒秋宵，春醉一別，難報美人恩，金投湖水。　樽心泛綠，槳尾飄紅，沖柳浪煙市。甚金夜，斷橋斜月，亂荷深處雙簫。哀音亹亹，傷心人也，淚襟如洗，拚唐突，撥花尋類。喜新歡，同舊愛鄉里。聯珠媲綺，漫如前度分攜，珍重折釵歌起。　誰云誰雨，暮暮朝朝，並肩花底專。一壑貯，雙娥結個，十椽山第，從今莫問，人間事去。馬來牛千，載都成此，世真毾㲪無時已，拚今生，長共雙鸞戲。任教地變天荒，松柏西陵，年年蒼翠。

【注釋】

［1］汪水雲，即汪元量。詳見《附錄　蔡守與古人交流考》。

訴衷情用楊叔子［1］原韻

千緡東市市胡琴《獨異記》陳子昂事［2］，竟有買知音。亂把文章投贈，做衒女招淫。　山已入，恐非深。樂幽沈。丘樊素玩，雲水孤懷，斷絕名心。

【注釋】

［1］楊叔子，無考。

［2］《獨異記》載，「昂初入京，不為人知。有賣胡琴者，價百萬，豪貴傳視，無辨者。子昂突出，顧左右曰，『輦千緡市之！』眾驚問，答曰，『余善此樂。』皆

曰，『可得聞乎？』曰，『明日可集宣陽里。』如期偕往，則酒肴畢具，置胡琴於前。食畢，捧琴語曰，『蜀人陳子昂，有文百軸，馳走京轂，碌碌塵土，不為人知！此樂賤工之役，豈宜留心！』舉而碎之，以其文軸遍贈會者。一日之內，聲華溢都。」

金縷曲九日同南社諸子謁孝陵

破碎山河舊。看雙峰，天然鳳闕，尚餘牛首屈翁山《望鍾山詩》「天作雙峰為鳳闕」，又《鍾山和杜子詩》「牛首尚餘雙闕在」。錯楚縱橫迷御道，共撥荊榛趨走。摩挲遍，石人石獸。六獸八人雙柱石，與亭林，記載無差否寒案，孝陵前石人八、石柱二、石獸六種，為數二十有四，亭林所載六獸乃指六種言。明樓改，非前有。　穹碑沒字知誰咎。獨青青，寶城無恙，巋然不朽。未薦櫻桃梅已死吳梅村《鍾山詩》「櫻桃莫薦寢園荒」，屈翁山《望鍾山詩》「當時更有梅花樹，十里天香接御園」。歎寢園，荒廢久，何煩爾，內監頒守顧亭林《孝陵圖詩》「奄人宿其中，無乃致褻汙」。袁隨園《孝陵詩》「守園頒內監」。展拜神坰無限淚，空山同哭聲搖星斗。奠幾盞，茱萸酒。

花心動用劉叔安[1]韻，湖曲暗記

湖曲花深，三籟絕，明月偷照羞媚。珍簟生涼，瓊肌不汗，恰恰未寒天氣。湖光十頃看橫玉，飄枕處，星搖珠翠。回折臉，橫波入鬢，泥人歡思。　蜆鬥童開豔事。車巧笑，何稠要支渾醉。嬌喘疑沈，落紅偷認，初解銷魂情味。夜深雙槳慵婦去，拚今宵，波間穩睡。鴛鴦夢，夢繞六橋煙水。

【注釋】

［1］劉叔安，即劉鎮。詳見《附錄　蔡守與古人交流考》。

花心動用蟾英[1]韻

水去雲回，更勾留，卻為鑒湖春色。如夢如幻葛天民妾名，非霧非花，未放遊蹤孤寂。雙美仙舟情復濃，襟上酒痕乾又濕。月娥孀，獨鳳女顛狂，搗藥投壺急。　歡情似此曠世。應難覓，翠幙生波紅衾。翻浪一對，夫容露浥，此秀方妍，梅魂菊影溪。奩夾鏡妝窗，碧幃間笑。微明釧聲欸息。

【注釋】

［1］蟾英，無考。

向湖邊和江綫[1]韻

雲水行亭，萍床鷗席，十丈碧荷成蓋。午夢初回，有風鬟相對。好放船，只赤南屏，斜陽如畫，一日千秋歡會。第五橋邊，頓疑人世外。　渠擅蓴羹，汝復工鱸鱠。拚共我爛醉，任蓬萊枯海。如此湖山，況佳人難再。笑桑田留命麻姑買。卿休道，南北戰爭天地碎。只要西湖，得太平長在。

【注釋】

[1] 江綫，無考。

折丹桂用王相山[1]韻

明湖畫舸秋燈碧。校理碑南北。敗煤爛紙古香浮，淺脱本，渾蟬翼。　玉臺遺物餘芬息。還對璿閨客。風鬟能讀六朝文，審釋竟，論氈墨。

【注釋】

[1] 王相山，無考。

少年遊用孤山《環珮集》[1]韻。月夜艤舟小青墓側，與子和、貴真醉酒，湖水低佪，憑弔憑肩，讀《小青傳》，吳、陸皆泣下，遂成此闋

鏡潮鏡汐損豐神，照水問仙真。花片隨風，飄如弱絮，塵世快抽身。　風鬟對泣孤山下，月冷弔芳魂。蓮性雖胎，荷絲難殺，一樣可憐人。

【注釋】

[1] 孤山《環珮集》，無考。

少年遊讀孤山《環珮集》

親從幀裏見真真，哀豔巧傳神。一樣香名指吳與馮春航也，一般悲感，況是女兒身。　孤山片石題名在，想妙絕時人。顧影清波，憐卿憐我，杯酒共招魂。

少年遊集句，用竹屋體[1]

修眉斂黛柳永[2]，胭脂嫩臉晏殊[3]，容態盡天真柳永。別母情懷姜夔[4]，裁詩寄遠晏幾道[5]，吟魄與離魂歐陽修[6]。　靚妝叢裏張先[7]，偎花映燭張來，舉措好精神柳永。此恨無窮張先，一杯芳酒晏幾道，誰是意中人柳永。

【注釋】

[1] 竹屋體，即《竹屋癡語》，宋高觀國撰。詳見《附錄　蔡守與古人交流考》。

［2］柳永，詳見《附錄　蔡守與古人交流考》。

［3］晏殊，詳見《附錄　蔡守與古人交流考》。

［4］姜夔，詳見《附錄　蔡守與古人交流考》。

［5］晏幾道，詳見《附錄　蔡守與古人交流考》。

［6］歐陽修，詳見《附錄　蔡守與古人交流考》。

［7］張先，詳見《附錄　蔡守與古人交流考》。

瑞鶴仙石屋洞［1］，用方秋厓［2］韻並效其體

倚岩鐫割也。看層層，皆法象也。頭銜最奇也。有天龍軍者，史無之也。山羅漢也。伏為保，安身位也。為亡人謹捨，衣囊當院，僧顧昭也。　奇也，浮螺滄海岩底，何來地脈穿也。石樓高也。佛髻蒼苔侵也。問誰云，一百一十六佛，笑曝書亭誤也。淨財饟郢，手堅瑁，非楊璉也。

【注釋】

［1］石屋洞，在杭州西湖煙霞嶺上，洞中有洞，洞洞相連，洞寬敞，軒朗如屋，故名。洞後有一穴，上寬下窄，狀如浮螺，曰「滄海浮螺」。洞頂有「擒雲亭」。洞內舊有羅漢及飛天浮雕等石刻。這裡有幽香的桂花點綴，每年八月桂花香，是杭城有名的賞桂地。

［2］方秋厓，即方岳。詳見《附錄　蔡守與古人交流考》。

平湖樂花港月夜［1］，和秋澗［2］韻

定香橋抱水紅秋，魚躍冰輪皺。荷芰深迷覓溪口，擊菱舟。　雙鬟爭勸珍珠酒。湖山無恙，佳人難再，怎捨別杭州。

【注釋】

［1］花港月夜，即杭州西湖夜月。

［2］秋澗，即王惲。詳見《附錄　蔡守與古人交流考》。

憑闌人四照閣［1］與子龢、貴真臥看湖山

四面湖山擁一樓，山翠湖光絕媚秋。香肩借枕頭，雙仙共臥遊。

【注釋】

［1］四照閣，在杭州西湖西泠橋畔，座落山腰，居高臨下，融匯山色，緊臨湖光秀麗風景。原為宋代古蹟，始建於宋初，為都官關氏之別業。舊閣在現華嚴經塔

處，年久閣廢。1914 年，西泠印社同人重建此閣。「左眺平湖之秋月，右挹曲院之風荷；兩峰夏雲排闥送青，兩湖春漲拍岸澄碧」，1924 年印社建造華嚴經塔，遂遷閣於現址。

慶宣和孤山賞雨，和小山[1]韻

雲走峰飛乍有無，水闊嵐疎。萬象空蒙做通湖，奇雨。奇雨。

【注釋】

[1] 小山，即繆荃孫。詳見《附錄　蔡守與時人交遊考》。

菩薩蠻迴文，和李致美韻[1]

斷橋籠柳秋隄半。歸棹翠煙飛。　　小奩窺月曉。誰似遠山眉。[2]

【注釋】

[1] 李致美，無考。

[2] 每句迴文，當如此讀，「斷橋籠柳秋隄半。半隄秋柳籠橋斷。歸棹翠煙飛。飛煙翠棹歸。　　小奩窺月曉，曉月窺奩小。誰似遠山眉。眉山遠似誰。」

又迴文，和王子端[1]韻

客愁寒月明湖隔。行夜入西城。　　故稽遲我□[2]，苦語鞞嬌鶯。[3]

【注釋】

[1] 王子端，無考。

[2] □，原稿脫一字。

[3] 每句迴文，當如此讀，「客愁寒月明湖隔。隔湖明月寒愁客。行夜入西城。城西入夜行。　　故稽遲我□。□我遲稽故。苦語鞞嬌鶯。鶯嬌鞞語苦。」

菩薩蠻迴文，和孟友之[1]韻

睡酣嬌醉花邊砌。蒼珮玉如霜。　　影搖釵蜨冷。長爪笑如狂。[2]

【注釋】

[1] 孟友之，無考。

[2] 每句迴文，當如此讀，「睡酣嬌醉花邊砌。砌邊花醉嬌酣睡。蒼珮玉如霜。霜如玉珮蒼。　　影搖釵蜨冷。冷蜨釵搖影。長爪笑如狂。狂如笑爪長。」

望江南用宋宮人登吳山贈子和、金德淑[1]韻

吳山好，勝侶亦吳山吳山字岩子，《西湖志·閨秀詩》載其集《不擊園》一首。唾月推煙延野步，暗憐腰細珮珊珊李商隱詩「已聞佩向知腰細」。名豔漢時間《流沙墜簡》簡牘遺文，子和之名屢見。

【注釋】

[1] 金德淑，詳見《附錄　蔡守與古人交流考》。

鶯啼序用黃在軒[1]韻，題傾城為周芷畦畫《水村第五圖》

波心墅莊窈窕，細橋牽荇帶。地偏占，絕勝湖山，四罨煙水如畫。錢重鼎魏坤郭慶，風流代謝，知誰繼水村高會，小雲仄臺今屬，周郎鷺友稱快。　孟頫趙南溟李，祥伯電發，四圖今安在。圖第五，畫平倩傾城，一幀蕩煙玉瀣。想十平年，釣竿換日，分湖便是。神仙界，放船時，春水碧浮，著身天外。　雨搓飄絮，風迸落花，齊點短篷背。沖曉去，鶯啼柳浪，魚躍草溆，遠興夷猶，淡描山黛。低迷岸意，晚橈款乃，歸去正紫蓴嫩滑。魚堪膾，吟邊淺醉，移榻鏡檻，閒眠空蒙，絓眼千態。　他時雙槳，夫婦同遊，寄語鷗漫猜。把畫圖，先為劵盡，辦浮家，居處鴛鴦，身世萍芥，安如舊隱，楚傖弔夢，也應招隱約我輩。笑乘桴，浪羨滄溟大。能回天地扁舟，痛飲狂歌，年年共載。

【注釋】

[1] 黃在軒，無考。

木笪安如[1]寄詩，鈐「分湖舊隱」一印，秀峭如悲盦。函問知為龍丁所治，因以貴真贈兩峯遺石寄乞篆刻。水窗詞客[2]倚聲代柬

奪龍泓一席。嗟冷君已杳。蟠扁虯盤成絕學。聞崐山寸鐵。屬龍丁得。去秋之子鬲[3]。貽兩峰遺石。艾葉青田凝古澤。郵筒遙乞琢。水窗詞客。

【注釋】

[1] 木笪、安如，安如為柳亞子別號之一，木笪則未知亦是否。詳見《附錄　蔡守與時人交遊考》。

[2] 水窗詞客，蔡守別號之一。

[3] 鬲，通「隔」，見前。

黃鶴洞仙和馬鈺 [1] 韻，調見元彭致中《鳴鶴餘音詞》[2]

嬌夢驀驚回，窗網荷風打李商隱句「鼠翻窗網小驚猜」。攬鏡羞花南檢翻痕，梳墮馬李頎詩「二八蛾眉梳墮馬」，斜鬢深遮也。　　鞋鳳絓承塵，怕惹它猜訝。昨夜狂歡暗自羞，邀打馬，瞞卻阿真也。

【注釋】

[1] 馬鈺，詳見《附錄　蔡守與古人交流考》。

[2]《鳴鶴餘音詞》8 卷（內府藏本）。舊本題仙遊山道士彭致中編。不詳時代。採輯唐以來羽流所著詩餘，至元而止。朱存理《野航存稿》有此書跋，疑為明初人也。所錄多方外之言，不以文字工拙論。而寄託幽曠，亦時有可觀。

阮郎歸和山谷 [1] 韻，福唐體 [2]

沈腰拚與戲為鞍，應憐非肉山黃庭堅詩「六月火雲蒸肉山」，自注，「戲張文潛體肥也」。郎君有用欲封難見《焚椒錄》，安能力拔山。　　巫峽事，盡卿歡，胡床疊枕山。衾池無浪已更殘。星河絓屋山。

【注釋】

[1] 山谷，即黃庭堅。詳見《附錄　蔡守與古人交流考》。

[2] 福唐體，即福唐體詞。清代沉雄在《古今詞話》中說，「山谷（黃庭堅）《阮郎歸》全用『山』字為韻，稼軒（辛棄疾）《柳梢青》全用『難』字為韻。」且注云：「皆福唐體，即獨木橋體也。」學者沈文凡、李博昊認為，「福唐獨木橋體是詩文創作中的一種特殊體式。從現存資料來看，直到北宋詞人黃庭堅，才有明確標明用此體的創作。據筆者統計，在今存全宋詞中，以該種體式創作的作品僅有 19 首，數量不多卻有著四種不同的形式。」「該體式是漢語言文字、音韻特徵的巧妙運用。它的部分作品有遊戲之嫌，但優秀的作品確也是精美的藝術品，具有著獨特的審美價值和意義。」

柳梢青和稼軒 [1] 韻，獨木橋體 [2]

忙煞阿難《十香詞》「觸手心愈忙」。嫋躬遍撫，戒體持難阿難遇摩登伽事，閒拂木難《鄴中記》「扇之奇巧者名木難」，風鬟左右，字問奇難。　　平生獲此洵難。靈運也，應稱四難謝靈運詩序「良辰美景，賞心樂事，四者難並」。嬌得二難，湖山人物，信別離難。

【注釋】

［1］稼軒，即辛棄疾。詳見《附錄　蔡守與古人交流考》。

［2］獨木橋體，即福唐體，見前。

皂羅特髻用東坡［1］原韻

採菱拾翠，兩絕代佳人，再應難得。採菱拾翠，遇著風流客。孤山下，採菱拾翠，柳條兒，綰同心結。採菱拾翠，姊妹誰先合。　　明日，採菱拾翠，把香肩雙拍。與遊婿，採菱拾翠，剝雞頭芡實也，襪褪相爭滑。採菱拾翠，藕覆褲也心忙覓。

【注釋】

［1］東坡，即蘇軾。詳見《附錄　蔡守與古人交流考》。

字字雙用王麗真［1］原韻

香津襪兒斑復斑，粉汗裙兒殷復殷。秋燈珠館閒復閒，枕屏筆架山復山。

【注釋】

［1］王麗真，詳見《附錄　蔡守與古人交流考》。

醉妝詞用蜀王衍［1］原匀

者邊走，那邊走，兩個腰如柳。那邊走，者邊走，雙吻濃於酒。

【注釋】

［1］王衍，詳見《附錄　蔡守與古人交流考》。

竹枝

清嬉玉湢竹枝美香波女兒，兩花窈窕竹枝影相磨女兒，楊廉夫詩「玉肌相照影相磨」。

踏歌辭用崔潤甫［1］匀

任意車搖動，推腰褥亂橫。癡雲嬌喘細，殘雨顫聲輕。素女投壺還未已，欲平明。

【注釋】

［1］崔潤甫，即崔液。詳見《附錄　蔡守與古人交流考》。

引駕行九龍 [1] 春遊

山非今日，城猶故國斜陽裏，聽寒潮，咽危石，空留趙家遺址。偷指，有塔影峨峨，鐘聲隱隱出祆寺，是誰使，金銀海氣，擁岩楹，鏤雲雉見《水經注》冰固堂事。左峙王勃句「岩檻左峙」。　　詩人去國，倦客思鄉情味。歎患難頻年，江湖滿地，盡無龍戲。增欷。喜夫妻負戴，丹青娛老共縈恥。問活計，破銅爛鐵，在風塵際。

【注釋】

［1］九龍，香港地名。

風入松羅三 [1] 以贈陳大詞見示，和原匀答之

君從島市數名流。盛說陳侯。儂今乞米知胡賈，金銀氣幻作蜃樓。空見繁華頃刻，誰能姓氏千秋。　　著狂無處送瓊州。判載歸休。兵書一篋都焚了，逃秦臥，不起安劉。自有空山絕業。人間富貴雲浮。

【注釋】

［1］羅三，無考。

聲聲慢題《坡仙事蹟圖》

鉤鉤勒勒，染染渲渲，皴皴點點滴滴。畫史能衣磅薄，吮毫和墨。名臣造像重寫，是宋時，先賢蘇軾。庾領表，姓名傳婦孺，模糊能識。　　足跡西湖南國，人望見，神仙偶然小謫。願繼覃溪，嘉慶九年曾刻。當時一場春夢，聽雞聲，膊膊腷腷。侍笠屐，奉杖履，知叵驟得。

減字木蘭花用山谷 [1] 韻，丙寅中秋夜新霽，飲赤雅樓 [2]

中秋多雨山谷元句，欲問尚儀何處去。猛揭幃開。灑灑通身出浴來。　　北山堂外。重話年前文酒會。近水層樓。得月應先嶺上頭。

【注釋】

［1］山谷，即黃庭堅。詳見《附錄　蔡守與古人交流考》。

［2］赤雅樓，民國時人莫鶴鳴在香港開設的古玩店。莫鶴鳴是蔡守南社廣東分社的骨幹成員。1920 年，蔡守自廣州來香港，協助莫鶴鳴打理赤雅樓生意並聯同何鄒幾、潘泉等組織赤雅社，切磋金石書畫文藝。

唐多令四闋

辛未（1931）秋初，樂郊詩擬賦「長生無極瓦當，越華館 [1] 填詞研」。

古瓦出咸陽。長安無極當。遍驪山，頹敗宮墻。李氏長安圖志在，才著錄，肇收藏文長安元李好《長生無極圖志》始著錄。　文字貴吉平祥。長生又未央。比年來，發見他方。莫說關中多此瓦，便傅會，是阿房前人謂「長生無極當」為阿房宮瓦，比年各地發見吉語瓦當甚多。

百十範同時。無如長字奇。篆雷文，窈窕多姿。趙晉宋葆淳陳介祺高鴻裁多異品，那似此，筆欹垂。　清絕竹三枝。娟娟半月池。千百年，古澤如脂。銅雀香姜都莫比，初入手，寵新詞。

古月妙新裁。詞人得硯材。賦阿房，能說秦灰。位置精嚴欣共賞，墨西倖，抵璚瑰。　拾瓦上朝臺。越華新館開。好磨治，恰與相陪。斜拂琅玕籠月影，填小令，有清才。

之子忒多情。團欒好篆盟。願他生，厮守卿卿。非我佳人誰曉得，持吉語，祝長生。　銅雀鎖娉婷。鴛鴦畫不成。長相思，減字偷聲。拚拓墨花千萬本，槃中字，署心瓊。

【注釋】

[1] 越華館，曾傳軺的室名。詳見《附錄　蔡守與時人交遊考》。

醉瑤瑟辛未（1931）八月九日，樂郊詩社第三次社集，擬賦錦瑟辭，並題古瑟拓本

珠淚句，玉煙喻，山谷沉吟偏不語。解人強作笑東坡。傅會無端翻更誤見《湘素雜誌》《酉陽雜俎》。　悼亡語，青衣賦調英伯，人人想像都能據。一弦一柱夢痕迷。毾㲪墨花無覓處。

怨秋曲用宋穆風道人 [1] 韻。七月十八薄莫，陸貴真在高莊採菱墮水，懷中大吉碑 [2] 亦溼，戲占二十字嘲之

盁驚缶詒新襪恃凌波穩笑敘趒山碑頓戚 [3] 嫮水本 [4]。

【注釋】

[1] 穆風道人，無考。

[2] 大吉碑，現存紹興市富盛鎮烏石村西南 800 米跳山東坡上，摩崖高 1.17 米、寬 1.1 米。額書「大吉」，下刻「昆弟六人，共買山地，建初元年，造此冢地，直

三萬錢」。隸字刻石，字跡清晰，保存完好，道光三年（1823）仲夏，山陰金石家杜煦、杜春生覓得

［3］戚，同「成」。《說文·戊部》，「戚，古文成，從午。」

［4］時人汪夢川博士校為「此詞《南社叢刻》作：『圖驚出浴新，襪恃凌波穩。笑煞跳山碑，頓成落水本』」。

瑞鶴仙汨霞洞［1］

禮千宮塔也。共雙娥，槃那寐也。玲瓏七層也。看題名瓊柱，都指揮也。吳延爽也。為錢王夫人弟也。兩厓間，十八聲聞。知亦同時鐫也。　奇也，塔旁右壁，十六行間，吳三娘也。陸四娘也。汝二人，前身也。願生生為姊妹，歸一婿，同享煙霞福也。樂岩棲供養，湖山長婆稚也。

【注釋】

［1］汨霞洞，應為「煙霞洞」，在杭州西湖南高峰。洞前左側原有煙霞寺，又名清修寺，《咸淳臨安志》卷七十八載，「清修寺，五代廣順三年（953）吳越王建，舊額『煙霞』。」洞內造像豐富，依洞勢分布雕鑿，2021 年 6 月杭州西湖風景名勝區管理處舉辦杭州煙霞洞吳越國十八羅漢造像題記新發現發布會，首次展出煙霞洞全新發現的造像題記。這一發現印證了煙霞洞羅漢造像確為吳越時期雕鑿的十八尊羅漢造像組合。這是國內現存最早的十八羅漢造像實例。

浣溪沙和屯艮［1］

會有重逢定有緣。休論今夕是何年。魂靈兒已各飄然。　似海深情不可說，如花羞態自無言。為歡妙絕焰摩天。

【注釋】

［1］屯艮，即傅熊湘。詳見《附錄　蔡守與時人交遊考》。

茶瓶兒用趙彥端［1］體，題唐畫像烹茶瓶拓本

妙絕茶人春影。手纖纖，試親行省。錫缾金筋烏銀耿。記煮夢。綠花明靚。　候湯眼調龍餅。似吹笙，細疑蚯蚓。圖遝來睹茶堪並，信竟有，佳人佳茗。

【注釋】

［1］趙彥端，詳見《附錄　蔡守與古人交流考》。

瑞鶴仙靈隱 [1]

此峰奇絕也。號飛來，僧慧理也。如千佛樓也。信禪岩幽邃，佛莊嚴也。山愈古也。笑天奇，何曾損也。今凡夫來往，觀瞻能發，皈依心也。　何也，流謬誕，誅擊三髡，真焚琴也。憶當年也。此地逢曼殊也。各漂藎蓬島，幾時淺水，何處重相見也。黯銷魂鬢影，風飄斜陽瘦也。

【注釋】

[1] 靈隱，即靈隱寺，東晉咸和元年（326）建，是我國禪宗十剎之一。又名雲林寺，印度僧人慧理來此，見山峰奇秀，以為是「仙靈所隱」，於此建寺，取名靈隱。

望梅花題徐江庵 [1]《墨梅小錄》

冷香幽豔入雲涯。獨負手，橋端延眺。梅雪相兼不見花用石帚句。　疏影畫橫斜。斷岸溪回望眼賒，孤抱寄寒葩。

【注釋】

[1] 徐江庵，即徐鑄。詳見《附錄　蔡守與古人交流考》。

憶江南雙調題白丁 [1] 畫蘭

三兩筆，香草寫孤衷。惹得板橋勞夢想，閉門噀水補天工，吹霧墨花溶。無寸土，種入畫圖中。淒絕靈根何處託，憶翁心事一般同。哀怨寄無窮。

【注釋】

[1] 白丁，無考。

意難忘用清真韻

山額蜂黃。記梅邊選韻，硯北交觴。刳肝收鳳紙，鐫骨著龍香。琴意亂，燭花涼。看粉淚汪浪。沒奈何，身心九百，枉打占相。　聞聲顧影無雙。歎為椽入爨，未遇中郎。如天難了願，絕世可憐妝。閔子裏，幾迴腸。暫落拓何妨。只恐它，流年似水，漸損容光。

憶秦娥和雪蕉 [1] 紀夢原韻

情難滅。人天只剩雪作平和月。雪和月，萬千曠劫，一般顏色。　巢傾比翼難分別。交遊著作都能絕鄭所南《絕交遊》著作。都能絕。相看雪月，何曾消滅。

【注釋】

［1］雪蕉，即王蘊章。詳見《附錄　蔡守與時人交遊考》。

西湖月用黃蓬甕［1］原韻

月明罨畫湖山。儼寫上舲窗。四窗紗葉。柤驚鷺夢。沖波乍起。可人嬌怯。接筵猶怕遠。做燕子，投懷偎醉頰。尚忐忑，熨體荀郎。膩衵汗香濃浹。　千燈萬火湖塘借張先句。宛粵海燈痕。水光三折。故鄉無此。雙峰入望。六橋橫睫。況低歌小唱。左右擁，如花雙媚靨。兩瞞卻，褪襪兜。解羅教撚。

【注釋】

［1］黃蓬甕，即黃子行。詳見《附錄　蔡守與古人交流考》。

補詩二首

螢帳行

春雪靉靆暗殘月，夜遊女子飛不絕。三月桑疇膩綺羅，半夜燐燈弄明滅。倭紈巾海犀麈戲，逐流星，越數里。摘得千點星，貯以水精瓶。歸來放入芙蓉帳，贏它照乘明珠亮。灼爍碎影翻疾似，移星光有痕晶瑩。聯翼坐巧疑，串燈條眾顆。不必煬帝奢三千。螢苑競繁華，不學朱厓富八百。螢籠皆繪繡，我亦非比車允貧。夜間照，讀紙囊，燐我今作螢帳終。要過它，貧富奢之三人。

與繽郁蘭味作胡旋舞

霞烘玉靨筵初闌，撫琴歌詩傾座歡。座中美人與佳士，興酣挈襶雙雙起。超逾縹渺如龍游，火齊影攝燈光流。中有一姝字蘭味，輕軀苛縟含花氣。與儂燕接才差池，方應矩兮圓中規。回纖腰兮潛互爽，交欵腕兮乍比翼。香風繚繞魂飛揚，飄飄宛在雲中央。萬帀千周旋不已，鏗爾一聲抱相止。濃盎柔情溢翠眉，握掔殷勤嬌致辭。問儂生自中華土，怎工海外胡旋舞。噓嗟乎，阿儂奚若長沙王，國小舞亦不軒昂。君不見，吾國晉代謝仁祖，生平最善鴝鵒舞。

蘇州遊草

丁丑（1937）二月廿二日與胡眉仙[1]、靳仲雲[2]、張秋柳[3]、鄭晨禮[4]、關穎人[5]、陳歗湖[6]、王愓山[7]入小王山[8]訪曲石[9]

去歲我來君臨病丙子八月廿三日來蘇州問疾，今朝君問我何頹。登堂拜母佗城會，謁墓同人寒食來。欲篢石林頻伐土，約居松海為栽梅招余夫婦來隱為種梅千樹。遍山題刻多師友有馬相伯[10]師與陳石遺[11]、章太炎[12]、于右任[13]等，好待山妻著羼煤約月色來拓諸石刻。

【注釋】

[1] 胡眉仙，詳見《附錄　蔡守與時人交遊考》。

[2] 靳仲雲，即靳志。詳見《附錄　蔡守與時人交遊考》。

[3] 張秋柳，無考。

[4] 鄭晨禮，無考。

[5] 關穎人，即關賡麟。詳見《附錄　蔡守與時人交遊考》。

[6] 陳歗湖，詳見《附錄　蔡守與時人交遊考》。

[7] 王愓山，即王燦。詳見《附錄　蔡守與時人交遊考》。

[8] 小王山，在蘇州穹窿山東南麓，李根源 1928 年葬母於小王山，從此隱居小王山，精心營造了小王山的松海十景，被譽為蘇州的小隆中。

[9] 曲石，即李根源。詳見《附錄　蔡守與時人交遊考》。

[10] 馬相伯，詳見《附錄　蔡守與時人交遊考》。

[11] 陳石遺，即陳衍。詳見《附錄　蔡守與時人交遊考》。

[12] 章太炎，即章炳麟。詳見《附錄　蔡守與時人交遊考》。

[13] 于右任，詳見《附錄　蔡守與時人交遊考》。

闕塋村舍[1]

李侯廬墓便成村，宰木排雲氣象尊。橫舍書聲響山谷，田家風味足雞豚。豐碑都屬高人筆，幽徑時來長者軒。西廡三區南漢像，玉蘭花下細評論。

【注釋】

[1] 闕塋村舍，李根源葬母於蘇州小王山，從此廬墓，遂成村社。村名闕塋村。

湖山堂 [1]

眼底具區微，斯堂與世違。名山藏著作，香草自芳馡。字刻石逾古，松深桃更緋。量泉瀹佳茗，小坐已忘機。

【注釋】

[1] 湖山堂，在蘇州上方山風景區內，坐西朝東，背倚上方山，面向石湖水。兩層翹簷，樓上沈周匾書「湖山佳處」，樓上下木聯，為董其昌和唐寅題寫。樓上聯，「竹送清溪月，松搖古谷風。」樓下聯，「獨上高樓是山色湖光勝處，誰家畫舫正清歌美酒酣時。」「湖山堂」前的懸崖上刻著「石湖」兩個大字，傳為南宋孝宗趙昚所書。

過朱梁任 [1] 墓

遠看一座大墳場，疑為開族之侯王。參天宰木百十章，碑亭墓道何堂皇。詎知□□ [2] 米家郎，殯於朋輩為治喪。曲石賢友不可忘，猛思己酉歲重陽。南社成立會吳閶，虎丘相見何軒昂。彼此年富正力強，被歌笑楚狂。酒狂一別天涯各一方，問字郵筒仔細商。千里不遠廿年長，那知竟為訪古亡。慘哉父子同沈湘父子溺死，今來憑弔心莫傷。千西萬歲佳城彰，歲時祭祀有酒漿。英魂可慰俠骨香，何必兒孫蕃且昌。

【注釋】

[1] 朱梁任，即朱錫梁。詳見《附錄　蔡守與時人交遊考》。

[2] □□，原文如此。

穹窿寺 [1]

穹窿山勢信穹窿，古寺峨峨亦大雄。那許凡夫龍角葬，只宜淨土梵王宮。茅盧孤峭凌霄漢，禪館清虛駕月虹。遊屐未愁寒食雨，快哉樓上坐春風。

【注釋】

[1] 穹窿寺，蘇州穹窿山還在，穹窿寺已無，記憶也失。

上真觀 [1]

詎為登高望具區，吳偉業王時敏徐乾學各有遺書。下山邂逅遊春婦，草綠裙紅畫未如。

【注釋】

［1］上真觀，在蘇州穹窿山藏書鎮內。坐落在三茅峰之上的上真觀，面向蘇州古城，背靠小王山，南與胥口香山之桃花嶺、白馬嶺、爛柯山、大苑嶺、小苑嶺等諸勝同脈毗鄰，峰巒連綿起伏，猶如游龍翻騰之狀，氣勢磅礴。

木瀆［1］

瘦弱休嗟老大頽，吳娃爭為作輿儓。雄妍北地胭脂女，豔福還輸木瀆來。

【注釋】

［1］木瀆鎮，位於蘇州城西，太湖之濱，是江南著名古鎮。乾隆六下江南，六次來到木瀆，其中有乾隆親題的御碼頭，乾隆與老師沈德潛吟詩唱和，與好友徐士元茶棋相娛，留下了一個個膾炙人口的傳說。

靈巖［1］

去年來未叩禪扉，買酒村壚看翠微。木瀆輿儓吳女豔，桂花香裏鲃魚肥于右任句。館娃人杳僧常住，響屧聲沈鳥亂飛。想像五湖無限事，芳魂不作浣紗歸。

【注釋】

［1］靈巖山，在木瀆鎮附近，海拔 182 米。山多靈巧之石，尤以靈芝石最為突出，故名靈巖。據載，春秋時吳越相爭，越王句踐獻美女西施，吳王夫差特為她建館娃宮於山上。山上古蹟如吳王井、玩花池、玩月池、響屧廊、琴臺、梳粧檯，硯池、西施洞以及山下的劃船塢、采香徑、脂粉塘等，都流傳著吳王與西施的故事。

天平山［1］一線天

驚看萬笏盡朝天，信有風雷孝感天。靈隱岩前天一線，未抵天平一線天。

【注釋】

［1］天平山，在蘇州市城西，海拔 201 米，因山頂正平，故稱。上面有一大石，作圓形，面向太湖，叫照湖鏡。山上多奇石，或插，或倚，十分奇峭。山中以一線天最險。在山半，兩岩挺拔壁立對峙，中通一小徑，為登山之要道，然僅能容一人側身而過，稱為龍門，又稱一線天。

范墳 [1]

峨峨山脈范家阡，氣勢沉雄象萬千。怪底堪輿言絕地，風雷驅石與朝天。

【注釋】

［1］范墳，天平山山麓有范仲淹家族墳及范氏高義園，是宋帝賜予范仲淹，以褒獎其高義，亦「賜山」。山前楓林內有御碑亭，八角重簷，造型優美，內立石碑，刻乾隆帝歷次下江南，四次遊天平山時所作四首詩。

虎丘 [1]

去歲入蘇州，驅車上虎丘。荷鄉同造像謝觀蓮，鶴望與遨遊金天羽。萬匯清明節，千人此石頭。紙灰飛作蜨，頓起故鄉愁。

【注釋】

［1］虎丘，一名海湧山，在蘇州閶門外。據《史記》載，吳王夫差葬其父闔閭於此，三日後有白虎踞其上，故名虎丘。宋方仲荀曾以「出城先見塔，入寺始登山」的詩句描寫虎丘浮圖當空、山藏寺裏的特色。

西園 [1]

寫佛曾耍月色過，遍參五百古阿羅。攜來鈿閣芙蓉紐，並坐池亭看白黿。

【注釋】

［1］西園，本名歸元寺。1635 年，茂林律師來此住持，改奉律宗，名戒幢寺。1860 年毀於戰亂。1875 年由廣慧和尚籌資修復，基本形成了全寺的建築規模，使西園寺再度成為吳門首剎，並改名為西園戒幢寺。

留園冠雲石 [1]

盛衰閱盡獨嵯峨，花樹殫殘孫子多園未易主，子孫亦眾，但不過問耳。頓觸風懷卅載事余十餘歲時過蘇州，主盛蔡丞家為其全盛時也，偷題暗記入彈渦曾與盛轡鸞聲題記冠雲石孔中也。

【注釋】

［1］留園冠雲石，即冠雲峰。為留園東部庭園主景，是蘇州各園湖石峰最高者，相傳是明代東園舊物，高 6.5 米，是中國最高的一座太湖石。名列江南三大奇石，瘦皺漏透兼備，陰陽開合孤高峻峭的身姿遺世獨立。

獅子林 [1]

幻椴倪雲林號巧幻幻於仙，造此玲瓏石一拳。人如蟻在磨盤旋，又似明珠九曲穿。未接踵，可摩肩。不離三畝地借句，如入萬山圈。臺榭不知幾易主，古寺今猶榜畫禪。

【注釋】

［1］獅子林，又名五松園。是蘇州四大古典名園之一，元代園林的代表作，面積約 1 公頃。元至正二年（1342），僧天如禪師為紀念其師中峰禪師特建菩提正宗寺，後易名獅林寺。明萬曆二十年（1592）改名聖恩寺，清乾隆十二年（1747）改稱畫禪寺。獅子林即寺後花園，由朱德潤、趙善良，倪元鎮、徐幼文等集體籌劃設計。因園中有怪石似獅狀，又因中峰禪師曾結茅天目山獅林岩，並取佛經中「獅子座」之意，故名。

拙政園 [1]

留園都覺俗無匹，莫若荒寒轉奇逸。辛夷已死藤花存，畫人有紙已無筆辛夷又名木筆，唐伯虎植，已死。紫藤，文徵仲栽，尚在。故借辛夷喻筆，藤喻紙。

【注釋】

［1］拙政園，蘇州明代園林的代表作，中國四大古典名園之一。初係唐代陸龜蒙住宅，元代為大宏寺。明正德年間御史王獻臣在此遺址營宅園，借用晉代潘岳《閑居賦》「灌園鬻蔬，以供朝夕之膳……是亦拙者之為政也」之意，取「拙政」二字為園名。

南軒茗話

倦遊思返待車還，坐此能消半日閒。千載一時安可得《茶燕圖》有時大彬為拙政造砂壺，張叔未題「時壹日，千載一時」，碧蘿春好未宜慳。

寒瓊劫稿

佛堂夜坐丁丑（1937）十一月七夕至十二夕

連宵慘不欲歸房，忍耐飢寒坐佛堂。默念觀音救苦難，但蘄姑孰滅災殃。殺聲滿地犬狂吠，烽火橫天月不光。有翼難飛同命鳥，上張羅網下迷陽。

身外

此身都是累，身外累無涯。漢玉重歸土，宋瓷亂棄堆。匣將囊異處，研與印同埋。書祝長恩護，但求免劫灰。

十一月十三日別張二

號咷獲眚早逃亡，七日星儕共佛堂。賭命一拚亡命去，艱難送我大成坊。

到白紵山[1]望當塗念張二

屍林火罅逃亡出，喘氣椎胸涕淚揩。回望滿城煙與火，身家存否念星儕。

【注釋】

[1] 白紵山，安徽當塗白紵山，南京淪陷後，蔡守夫婦避難於此。

十一月十三日上白紵山避兵嵌十字數

燒城七日火不歇，亡命五更人斷魂。四十卷書一冊畫，二條大被三難民。八里奔投楚山麓，九旬竄伏於湖濱。餘生發願皈依佛，望六朝年歷劫身。

與本光禾上[1]夜話

入山逢本光，患難喜同鄉。僧粥容分飽，禪房許共藏。住持離古刹，老友竄佗方李橘叟。相對無燈火，談深寒夜長。

【注釋】

[1] 禾上，即「和尚」之謂。

寺門臘梅盛放因憶張家一樹

山中那竟見黃梅，媚雪沖寒爛漫開。猛憶張家花一樹，何時歸去共徘徊。

訪晉桓司馬遺跡

入山五日，深坐雲房。老僧延步教圓禾上，同訪奇礓。美哉石林，松下蒼蒼。司馬罣袍，仙人臥床。大書摩厓，苔鎖難詳。亡人考古，顛沛不忘。安得氈椎，墨挩數行。空山掌故，賴此文章。

早起

寒鴉未叫晨鐘響，雲冚山門天剎光。竹節竹枝炰粥厚，松皮松子煮茶香。

亡人與眾忘人世，禮佛隨僧上佛堂。呵筆研冰寫圓覺，定公說要供梅黃。

見山門壁間葉玉森[1]為當塗令時十四年（1935）四月十二日住持渡寬請保護林木文告

亡友渶漁有佛緣，至今僧說宰官賢。山門林木禁樵採，文告堂堂十二年。

【注釋】

[1] 葉玉森，即葉渶漁。詳見《附錄　蔡守與時人交遊考》。

喜橘叟[1]上山十一月十八日

十二君下山，詰朝我入寺。流離亦參商，昕夕念不寘。住持還山云，護駕墩獨去。祝汝逢故人，食宿有所寄。薄莫忽登山，相見胡不喜。曾過張氏家，門有保護字。巋然劫灰外，佛力大如此。但過查家灣，恨未見張四。迄今六七日，何處尋母子。但願皆平安，會有相聚處。

【注釋】

[1] 橘叟，即李橘叟。詳見《附錄　蔡守與時人交遊考》。

崐禪贈白糖一瓶

初初茹素病枯腸，多謝崐師惠我糖。一飯不忘恩必報，教余畢世更難忘。

十一月十七日山中見雁

闢地罰四月，罹難又十日。歷劫百千回，一一仗佛力。忽見雁南飛，便想傳消息。妻孥定必多憂疑，憂疑我或化異物。詎知竄伏空山中，日日虔心唯念佛。今生但願得南歸，樂與妻孥同乞食。雁兮雁兮哀我苦，飛去赤柱傳消息。

入山九日十一月二十一日

入山九日得粗安，不料今朝有難關。欲定烏心持佛咒，頻呵龜手寫經闌。葉燒蔡竈膚蕲暖，犬吠禪扉膽又寒。夜判四僧俄四散，難民三個去留難崐禪、修隆、本光、輝堅四禾上，三難民者，余與月色、橘叟也。

贈橘叟[1]

破寺逃亡共晨夕，幾生幾世結因緣。雪窗促膝偎衾坐，寒夜駢肩擠榻眠。患難相依見真性，身心未了入初禪。君過五十我望六，老病憐君更自憐。

【注釋】

［1］橘叟，即李橘叟。詳見《附錄　蔡守與時人交遊考》。

亡人有幸福四首白紵山中作

老病衰𤸎身，凍侵骨與肉。得帽護我頭，挾纊裹我足。外衣大布衣，內衣敗絮服。姑且能禦寒，亡人有幸福。

僧廚分鐵汁，鐵汁硬吞落。日中一頓飯，朝晡兩餐粥。鹽豉自可口，糙糠能果腹。姑且得充饑，亡人有幸福。

莫生鵂鶹心，莫歎黑地獄。破寺蔽風雪，庶幾未露宿。敗絮暖如衾，乾草軟於褥。姑且得安眠，亡人有幸福。

衣食宿而外，更有延步樂。石林妙苔蘚，山徑美松竹。雲煙蕩我胸，山川悅我目。姑且作行吟，亡人有幸福。

豆湯二首

亡人成餓鬼，饑渴廿來日。歡喜得豆湯，飲啖甘如蜜。

比患胃病深，饘粥不能食。瘦剩骨與皮，兩腿小於膝。上士李橘叟，無藥難為力。黃豆富滋養，多君代我乞。真是救命湯，千金方不易。

病中懷仲琴［1］、小進［2］、桐庵［3］、子陶［4］

香港懷黃馬，廣州憶李何。三冬聲問闕，萬里別愁多。亂世思君子，空山禮佛陀。從癡吾有愛，有愛病維摩。

【注釋】

［1］仲琴，即黃仲琴。詳見《附錄　蔡守與時人交遊考》。

［2］小進，即馬小進。詳見《附錄　蔡守與時人交遊考》。

［3］桐庵，即李開榮。詳見《附錄　蔡守與時人交遊考》。

［4］子陶，即何博謇。詳見《附錄　蔡守與時人交遊考》。

欲去護駕墩過凌雲山書石壁

護駕墩前誰護駕，凌雲山上莫凌雲。堂堂史館蔡編纂，流落當塗一難民。

山中大雪十一月二十五日

犯寒病骨要支持，貪看荒山大雪奇。喻絮喻鹽渾不似，剎那千樹發瓊枝。

咒雨成雪雪滿山，鐵蹄應怯上山難。灼膚斬暖燒殘葉，深坐禪房得苟安。

張四寫竹不寫雪，雪裏未登白紵山。姑負漫山雪竹稿，老竿梢重妙彎彎。

雪裏芭蕉微帶綠，雪中天竺更加紅。斬新千載輞川稿，欲寄宣南劉韻松。

冷雨二十八日

空山冷於雪，燒柴炙手手難熱。半甌鐵汁朔風前，風與凍雲同下嚥。

冰田夕照

浹辰腰腳怯崚嶒，不道能來最上層。眼底頓開奇粉本，夕陽紅入水田冰。

寒夜無眠

寒夜無燈火，無眠亦在床。朔風號古木，積雪逼禪房。漫想千秋業，空回九轉腸。吟安幾個字，平旦旋都忘。

砂銚銘

當塗出土，陶盉晉器。直鈑短流，扁形漢制。仿為茶銚，亦與眾異。永寶用之，金壺不翅。留贈後人，亡人活計。哀此亡人，曾號壺帝。

地耳

雪後松食生地耳，空山天與我珍蔬。個中風味亡人曉，甘滑蓴羹那得如。

臘八懷鄒靜存 [1]

壽君昔在紅爐麓，壽君得嘗臘八粥。此粥香味永難忘，珍果清甘氣芬郁。海山一別幾經年，無端闖地到姑孰。姑孰流寓有皋文，皋文文孫工畫竹。日前合作尺幅圖，豫為君壽續三祝。斯圖計已入仙山，庸知我竟竄空谷。今朝禮佛為君禱，願君多壽更多福。

【注釋】

[1] 鄒靜存，即鄒浚明。詳見《附錄　蔡守與時人交遊考》。

陽曆歲朝十一月二十八日

人間何世今何日，破寺荒山作歲朝。橘叟緣深同患難，士齋戾重未逍遙。冬暘可曝頻移坐，浩劫餘哀欲漸消。老病相憐擠榻暖，獨眠又怯此寒宵李橘叟下山。

十二月九日下山謝張大

鵲巢誰使鳩居之，罹難人情頓異時。多謝收容謀一榻，卻憐雙鳥失巢悲。

下山過張氏齋中臘梅下有感，仍用山中憶黃梅原韻

山中為句曾相憶，我未歸來未肯開。冷暖人情花曉得，黯然花底一低徊。

哀盆栽二十韻

白紵山上回，白紵小樹死。些些些子景，令我哀無已。八月采采歸，裁剪逞殊枝。寒林三五株，畫意雲林似。小石折帶皴，妥帖安樹底。宜方淺瓦盆，供食沈木几。凌晨移就日，薄暮頻溉水。研北足欣賞，身毛豎而喜。請到蟹和尚，真倒好嬉子。曾謂北道賢，培植定無涘。姑負此長歌，庸知不足恃。罹難各分竄，阿誰為料理。不入護花房，霜雪胡能抵。匝月行再見，頓成槁木矣。世事固難量，人情亦如是。我作失巢鳥，焉有力保爾。爾命脫苟全，忍聽自枯萎。患難誰可共，論交莫輕許。端人世所稀，自怨失人耳。哀物重自哀，後人休忽視。

懷仲雲［1］、歗湖［2］

蘄陳兩老客南京，意想太平能太平。謂我端人有端友，移家逃命早逃兵。牽衣兒女皆多累，堆屋琴書未易行。幸未同來重吾過，庸知人地負嘉名。

【注釋】

［1］蘄仲雲，即蘄志。詳見《附錄　蔡守與時人交遊考》。

［2］歗湖，即陳歗湖，詳見《附錄　蔡守與時人交遊考》。

亡人之活計十首連後共十二首

日未出而起，日未入而眠。亡人之活計，竟似古人賢。

浹辰不洗腳，一月不梭頭。亡人之活計，亦與古人儔。

飲少不知渴，食多旋覺饑。亡人之活計，饑渴異平時。

早起先藏被，夜眠不解衣。亡人之活計，習慣亦多違。

冷飯炊縣釜，擘兒爇薰籠。亡人之活計，亦與乞兒同。

煮茶燒雪水，炰粥拗蘆柴。亡人之活計，亦自好推排。

七音時念佛，三餘只看經。亡人之活計，亦似一孤僧。

無肉寧茹素，多情每憶家。亡人之活計，周何略略差。

三月斷書郵，四海絕交遊。亡人之活計，半與所南侔。

僧缽為鐫經，砂銚自刻銘。亡人之活計，亦留身後名。

喜張氏舉家平安

劫火難焚禮佛家，金剛滅火有蓮花。舉家老幼能重聚，默佑平安果不差。

十二月二十二夜半

嶄死死未速，偷生生慘酷。老病歷劫身，更遭此奇辱被醉兵□□［1］打踢。

【注釋】

［1］□□，原文如此。

十二月二十三日懷劉三［1］是日生朝

去歲生朝正立春丙子是日立春，今年海上作亡人。欲為曠劫壽君語，魚雁難通歇浦濱。

【注釋】

［1］劉三，詳見《附錄　蔡守與時人交遊考》。

歲暮

沉痾胡不死，留命造亡人。慘矣偷生事，哀哉歷劫身。飢寒風雪苦，患難愛情真。丁丑丑將盡，舞演成戊寅。

四願偈

願太平府早太平，願相爭者莫相爭。願南歸了此餘生，願來世不再多情。

丁丑（1937）歲除二十九立春

殺雞為黍丑年除，不道亡人食有魚亡人已二月不知肉味，是夕俊生主任召共飯，有雞有魚。歷劫平安都是福，宜春䶥䶬好能書。無家司命難謀醉，亂世癡呆莫賣渠。今歲早眠誰與守，何心鏡聽卜何如。

戊寅（1938）歲朝

難民賴有收容所，元日安然安樂窩。相祝太平大吉利，忍聞鋒鏑暖笙歌。紀年印篆陳猷釜，仿古銚模晉冢盉。四願偈成成玉帛，金剛舞演化干戈舞演者，戊寅也。如丙寅作景演例。

茶叵羅[1]銘

作此茶叵羅，頗自誇創作。香不可渙散，味不可耽閣。到手俄飲盡，香味才領略。吟窠欲雪天，茶人有俊約。寒夜客能來，相對當酒酌。覆盞非告醉，七盌亦不卻。既非患水厄，豈不勝杯勺。何物是點心，梅花同雪嚼。梅稱共雙清，茶燕至足樂宋瓷盞有尖底，不能平放者。賓虹考為古之叵羅也。余仿之作茶叵羅，寵以銘。

【注釋】

［1］叵羅，古代飲酒用的一種敞口的淺杯。

人日觀雪戲和月居士[1]殘雪險韻一首

漫天遍地誰篩粉，百歲千西喻撒鹽。珠顆亂跳繁響脆，甕沿洴澼一聲尖。二年我亦離家苦薛道衡《人日詩》「離家已二年」，七種羹成媲蜜甜《荊楚歲時記》是日以七種果為羹。亂世梅花開緩緩，未勝點額莫巡簷《太平廣記》宋武帝壽陽公主人日臥含章殿簷下，梅花落公主額上成五色花，拂之不去。經三日洗之乃落。宮女傚之。今梅花妝是也。

【注釋】

［1］月居士，即談月色。

正月十二日訪吉君圍爐論古樂甚

擁爐共樂太平春，愁殺當塗一難民。論古同參心淨土修淨土，只慚稱我樂天人。

擁爐共樂太平春，佳茗香飴樂更真。視我古刀動鄉思，刀環何日與亡人。

元夕

難民考古不勝哀，君去誰人問字來。倘見干戈成玉帛，一攜明月入蓬萊。

食齋煮飯似當日《錢氏私志》宋郊故事，元夕誰人慶太平《三朝聖政錄》。昨夜水燈還入夢《續文獻通考》，秦淮紅漲月難明。

十六夜月居士臥病

難尋舊曆結羊腸《霏雪錄》，欲打羅旋燭不光《東京夢華錄》。誰約走橋除百病《帝京景物略》，早眠偷爇闢人香《荊楚歲時記》。

十七日紀事丁丑（1937）七月十七日，到太平府適半年也

今到太平剛半載，何時真見太平圖。曾聞天下太平兆，須獲桃林靈寶符《舊唐書．禮志》，「天寶元年，是日得靈寶符，傳言天下太平」。

十八日春暖

不曾千鶴入庭來《金史》，稍覺重門陽氣回《翰墨大全》。聽卜何心問通塞《揮麈後錄》。草船但願果禳災《楚通志》。

十九日卣匋夫人贈臘梅

燕九收燈未探春《東京夢華錄》《帝京景物略》，黃梅初折贈亡人。詰朝功課寫圓覺，磬口檀心有劫塵。

天饑日有感《拾遺記》正月二十日為「天穿」，又曰「天饑日」

今日天饑日，煎餅補天穿。吾鄉用十九，未識起何年。天竟有穿漏，人安得萬全。天竟有饑苦，人胡不可憐。德可以怨報，仇可成良緣。平日稱豪俠，臨難而義遷。患難之朋友，方知賢不賢。平日大仇人，論道恨相捐。學問乃公物，愛敬永無愆。吾不生悔心，歷劫悟初禪。天人劫萬千，饑穿非偶然。

二十一日月居士病未痊

威儀此日詎無慚，都愧高騈入劍南《錦里耆舊傳》。愁殺亡人還苦病，有醫無藥更難堪李橘叟因藥闕乏，無計。

二十二日夢牟軒供養明唐泰來木造像殘闕，正與東坡宿團風今夕之夢相似

牟軒四月闕郵筒，惡夢推朔木佛容。何日完新再供奉，坡仙有夢記團風《楚通志》東坡故事。

正月二十三日為唐元和二年范傳正遷葬李太白於青山之日也，近在咫尺，竟莫能往謁，瞻望山色，摩挲遺物，錄成五十四韻

謝家有青山太白墓碑云「悅謝家青山」，李墓在山麓。今逢遷葬日碑云「以元和二年正月二十三日遷葬」，瞻望一痛哭收容所臥室可望青山。青蓮李謫仙，鍾靈降西蜀碑云「太白隴西人」。天寶召見時碑云「天寶初召見」，恩遇何隆渥碑云「恩遇無比」。稱布衣之極，千西仰榮擢。陽冰守當塗，召要來遊軸《太平府志》《當塗縣志》。愛此泉石佳碑云「公每見長江遠山，一泉一石，無不自得」，晚歲聊可樂碑云「晚歲渡牛渚至姑孰」。遂有終隱志碑云「有終隱之志，盤桓利居，竟卒於此」，狂歌飲醽醁。相傳爛醉夜，欲把江月捉。竟同湘累沈，身後尤慘酷碑云「孫女二人，一室陳雲，一室劉勸，皆編氓也」。廑有兩孫女，且偶編氓族。一孫亦失蹤碑云「范傳正召其孫女至郡庭相見，問其父則曰，父伯禽不祿而卒，有兄一人出遊，不知所在」，一子早不祿。謫仙竟無後，後人多感觸。唐元和二年，宅兆遂公欲碑云「先祖志在青山，遺言宅兆傳。正於是遷葬公於青山，遂父志也」。漢漁宰是邦葉玉森為當塗令，郵筒亦召僕。僕時客赤柱，未欲浮海舳。人事信難量，辟兵到姑孰。是邦景物佳，老鶴曾相告奚侗。紅杏牛渚煙牛渚多杏花，大葉采石竹采石有奇竹，杆細葉大。江濱有水岩，頮手月可菊。于湖盛荷花，荷開氣芬馥。尼坡盛梅花，梅開圖萬玉。一一都姑負，亂世動羈躅。宋刻脫襪圖石已佚，莫睹謫仙兒。久思謁李墓，罣車妨脫輻。漢漁昔憑弔，朔磚得幾角葉玉森謁墓得李墓朔磚數事。兩安唐隸遺，下有紀數目磚文「李墓」二字隸書，下有數目一字。鄭重手自拓，千里寄一幅。更拾一古硯，珍秘蘊檀柝。幸當留是鄉，作緣或可贖。顛沛判哉奇，囊空殊窘促。佳硯難再得，那惜珠量斛。一朝入我手，狂喜誇奇福。最美龍尾石，石紋細於縠。製作風字形，唐代良工斫。稜角絕精嚴，氣味極古樸。少從與太白，篆刻研兩足。硯背鑄古泉，簇簇結銅綠。昔獲一玉龜，銅沁同斑駁。古懋而生動，確定漢人琢。置之硯池間，文房並寶蓄。吾鄉端溪材，安用貴鴝鵒。真不負此行，歸裝壓吟簏。珍重示子孫，斷炊才可鬻。青蓮之詩什，弱植已熟讀。陽冰之篆書，摹印亦時學。二李之文翰，吾生素折服。佳硯特相貽，殉葬愛之篤。亡人勿自苦，得寶且自足。一喜冠平生，藏去應手□。李硯榜清齋，南歸先卜築。固慕二朱賢，亦慘以自勖。太平果太平，迷陽不滿谷。青山當趨謁，頂禮虔拜伏。

薺春雪後野生

幼誦毛詩識薺甘，行年六十才嘗薺。放翁美之乳下豚陸游詩「才烹牆陰薺，美

若乳下豚。」其佳可想也，寒翁鮮喻河間鱧。蔬菜加恩定占魁，蓴滑芋香都莫扺。脫令南移易地良，安得仲春雪蓫蓫[1]。

【注釋】

[1] 蓫蓫，草根露。

上巳病起

病久畏寒難釁浴周福注，祓除未欲試香湯。造箋誰問薛濤井益都談貲，作賦余懷歌舞岡《名勝志》禺山事。時聞蜀粵被空襲甚劇。蠻語參軍令定健《世說新語》靳仲雲號蠻語參軍，蘭亭修禊序何傷。漫圖礤礤襄陽石《名勝志》，畫餅終愁未闢殃。

寒食

碧桃紫竹滿陶瓶收容所碧桃盛開，尺許之枝而著花百數十朵，紫竹插瓶能兩日不乾，薺菜花能闢蟻虻當塗風俗，是日插薺菜花謂可闢蟲蟻云。冷節難民飧冷飯，蕭條興味入清明。

清明三月五日晴

清明雖不雨棼棼，爭奈亡人已斷魂。烽火何堪三月過，家書寧只萬金論已四越月不通郵筒家中消息。碧桃花自中時物《齊民要術》，槐柏樹能連理根玉海三月五日事，收容所見張氏後院之纓絡柏，龍爪槐並栽。佳節難民黯相對，人人襟上有啼痕。

三月六日送月色去南京

闢地同來皕日來，罹劫衰頹病更摧。卿才強飯我強起，分離冉忍不相陪。金陵況已成焦土，此去寧毋觸目哀。行窠縱在家必毀，古物料同玉石碓。朋儕分竄定難覓，倘獲相見亦衰頹。亡人人人都若是，苟全性命何恤災。仲雲、歗湖、趙俵背，我念三人心莫開。靳陳藏書趙俵背，未眚能否免刦灰。張四賤買圖書返，白也善本落書堆張諟齋以賤直買得金石圖籍，多滕固所藏善本。得者寶之尚幸事，遮莫毀棄遭熘煨。漢吉語印利出入，卿行佩此休疑猜。知余病送難成寐，當必如期三日回。

附月色亂後入南京口占三首

亂後行窠已蕩然，艱難設備苦經年。劫餘尚剩銘心品，三個陶瓶兩古專過行窠。

淒涼破國並亡家，猶有閒情買乳華。願學石楳三絕技，造壺治印寫梅花買得朱石楳印一。

歡老平安仲老歸，琴書無恙莫愁淒。剩憐竄鄂趙俵背，付俵碑銘休再提陳歡湖舉家平安，靳仲雲已歸河南，趙俵背錦榮從戎入武漢，付俵碑拓皆失。

常雙印漢有常雙鉤，以一印而並刻兩印，故仿其意名本印

兩印合併刻非兩面印，意倆常雙鉤。自從趙管起，印文多綢繆自松雪、仲姬有趙管印以來，夫婦姓名並刻一印者日多。漫倒好嬉子，書畫同長留。作此與眾異，方寸可千秋。縱不千秋想，老亦能風流。

當塗花事

薺花不作油花卜，亂插陶盃廿日強薺花插瓶二十餘日不謝。競舞翩翩胡蝶紫收容所階前多蝴蝶花，插瓶中一枝一花完而繼續者三四，亦可耐數日也，低垂瓔珞白槐香當塗多白槐，插瓶斜嚲似紫藤恣態，可供三四日。並有香洵瓶花之俊物也。牡丹三月嬌無那當塗人家多牡丹，一窠有百數十朵，紅杏連江豔莫當。開到酴醿花未了橘叟園中去年栽白酴醿，花甚盛時以餉我供瓶，當塗花事與春長山谷句「奈此當塗風月何」，余亦以為當塗花事可喜。

和白香山不準擬二首原韻見《後集》卷十，荷花生日，惟吾以降。歲歲生朝，荷花例供。戊寅六十，反不可得。難民活計，帖寫醵錢東坡為楊耆作。今又罄乏，實用憂煎顏魯公乞米帖。日昨居停王公智山治饌召飲，今日老友歡湖攜酒肴過我同醉。醉後想像後湖荷花依舊，竟莫能出城遊耳。因和香山原韻，並寄上杭丘荷公復

覽鏡自疑非哲夫，詩偏作祟雪吾須罹難後留須，今已斑白也。何期酒食連朝有，獨怖荷花今日無。不準擬身年六十香山原句，病體轉健未須扶。

後湖去歲及行樂，紅藕花中載酒行。荷公長我詩相壽荷公與余同日生，長三歲。去年曾以四律詩壽我，因與荷花同日生。不準擬身年六十香山原句，網羅相望若為情。

二十六年八月十二日即丁丑（1937）七月初九日，白下轟炸至劇烈之際，陳歡湖[1]舉一子，晬辰名曰「大雷」，召飲誌喜

大雷端錫汝嘉名，動地驚天乃降生。遮莫兒曹催老大杜甫示子詩「汝曹催我

老」，祝無災難到公卿蘇軾《洗兒戲作》「無災無難到公卿」。晬柈知務國強富李宗瀛《九齡試晬作》「今晨汝周齡，湯餅會姻里。晬柈陳百物，棄取覘臧否」，傳研還蘄世太平。周甲來為湯餅客，東坡白髮共歡傾蘇軾王氏生子致語「事協紫銜之夢，歡傾白髮之兒」。

【注釋】

［1］陳歗湖，詳見《附錄　蔡守與時人交遊考》。

蔡寒翁遺稿跋

順德蔡寒翁下世之三年，其耦談月色女士編次翁之詩，醵貲而刊行之。先是丁丑（1937）明年，余來白下，寒翁月色亦自當塗辟兵歸，互聞聲而未識。而余招飲於秦淮酒肆，始定交。翁所居在茶丘，左近慕杜茶邨之為人，曾舉茶壽之會，寄冷趣於高夐之界以自娛。性不善飲，嗜茶，榜曰「茶恩茶喜茶四妙之亭」。己卯九日，冶城登高，會者甚盛。時翁已病，猶策杖來會，思之旦暮間事耳。今墓草已宿，遺集幸未湮沒。凡翁所造，余往年皆見之，類以古拙真率見勝。如吉金貞瑁，古色班斕，光氣照人眉宇，識者自能辨之。夫以翁之樸學媚古，終身蹇滯，抱孱而殉，豈所謂命耶！重展此集，為之太息久之，是為跋。

中華民國三十二年（1943）癸未夏日，鎮海陳道量

附錄碑記

民國三十一年（1942）辛巳九月友人懷寧諶子才撰，未亡人談月色敬書。

蔡君粵之順德人，諱守，初名有守，字哲夫，一字寒瓊，六十後自號寒翁。詩、書、畫稱三絕，兼長金石學。丙子（1936）秋偕其月色夫人來京任職黨史館黨部、故宮博物院考訂金石書畫古物，功未竟。會丁丑（1937）變作，避難於當塗白紵山，備嘗艱苦，著蔡氏《作竟詩》一卷以志實。自是心境因環境而日衰。戊寅季春重入白門，賃廡鼓樓二條巷，自榜寓曰「二條一廛」，又曰「茶丘」。自號「茶丘殘客」，又曰「茶恩茶喜茶四妙亭」。庚辰夏秋之交，患心臟病，醫治罔效，閱六月而歿。山河修阻，不克首邱。在京友好與月色夫人經紀其喪事，卜葬於京中山門外墳頭村永安公墓一區第一四九，背北面南。元配張生子倫，女二玉燕、巧梭。偏室黃生子游威，女小燕，均居粵不克來。月色夫人談氏生子名十五，早殤。君生於清光緒五年己卯（1879）六月廿四日亥時，卒於民國三十年（1941）夏曆庚辰十二月十四日子時。是為記。